KompaktWISSEN
Arbeit mit minderjährigen Flüchtlingen

Handlungsvorschläge für die Praxis

Dr. Hedwig Metschies

Alfred Gerhards

Handwerk und Technik – Hamburg

Danksagung

Diesem Buch liegt eine Vielzahl von Interviews mit pädagogischen Fachkräften aus Wohngruppen für unbegleitete minderjährige Flüchtlinge zugrunde. Wir bedanken uns ausdrücklich für die konstruktive Unterstützung der Kolleginnen und Kollegen, die uns durch ihre wertvollen Informationen und durch Gegenlesen von Texten das Schreiben dieses Buchs erst ermöglicht haben. Ferner bedanken wir uns bei der Evangelischen Jugendhilfe Münsterland, deren schriftliche Arbeitshilfen wir sichten durften und die uns ermöglicht hat, in ihren Einrichtungen Fotografien für dieses Buch zu machen.

Unser besonderer Dank gilt Mirko Blome, der uns während des ganzen Prozesses beratend zur Seite stand.

ISBN 978-3-582-47792-7   Best.-Nr. 47792

Das Werk ist Teil der Reihe KompaktWISSEN Sozialpädagogik.

Verlag Handwerk und Technik GmbH,
Lademannbogen 135, 22339 Hamburg; Postfach 63 05 00, 22331 Hamburg – 2019
E-Mail: info@handwerk-technik.de – Internet: www.handwerk-technik.de

Layout und Gestaltung: alias.medienproduktion GmbH, 12526 Berlin
Satzausführung: CMS – Cross Media Solutions GmbH, 97082 Würzburg
Umschlagsmotiv: Shutterstock Images LLC, New York, USA: Bild 1 (Black creator), 2 (Chipmunk131)
Druck: Media-Print Informationstechnologie GmbH, 33100 Paderborn

Inhaltsverzeichnis

handwerk-technik.de

Bildquellenverzeichnis

Übersicht Buchelemente

Definition	Bei orange unterlegten Passagen handelt es sich um Definitionen zentraler Begriffe.
Praxisbezug	In diesen Abschnitten wird ein konkreter Bezug zur Praxis hergestellt.
Praxisbeispiel	Die blau unterlegten Felder wenden die jeweiligen Kapitel-Inhalte exemplarisch auf das Fallbeispiel der fiktiven „Wohngruppe Rupert-Neudeck-Straße" an.
TIPP zum Weiterlesen	Orange Rahmen enthalten LiteraturTIPPS. Diese wollen Anregungen zum Weiterlesen geben.
MERKE	In den blauen Rahmen finden sich Merksätze, die die besondere Bedeutsamkeit der vorhergegangenen Aussagen hervorheben.

Vorwort

„Ich arbeite gerne mit Flüchtlingen, weil

- es eine dankbare und herausfordernde Arbeit ist. Der Umgang mit anderen Kulturen, Umgangsformen und Strukturen ist neu und stellt mich vor neue Aufgaben. Ich werde gefordert, knüpfe neue Kontakte und erweitere meinen beruflichen Horizont. Meinen privaten natürlich auch.
- ich viel Wertschätzung und Höflichkeit erfahre. Gastfreundschaft, Höflichkeit und Respekt wird unter den jungen Männern großgeschrieben. Meine ersten, aber eher kleinen Bedenken haben sich nicht bestätigt. Auch als Frau unter den ganzen Männern werde ich ernst genommen und respektiert.
- ich die andere Seite der Medaille kennenlerne. Ich höre die Geschichten der Flüchtlinge und ihre Erlebnisse. Diese lassen mich wertschätzender mit vielen alltäglichen Situationen umgehen. Ich lerne auch die ganz kleinen Dinge im Leben zu schätzen. Dafür bin ich sehr dankbar! Ich stelle aber auch unsere Gesellschaft, Politik immer mehr infrage und kann mich nicht mehr leichtfertig mit Meinungen und Handlungsweisen anderer zufriedengeben. Ich verdeutliche meinen Standpunkt und versuche, den Standpunkt der Flüchtlinge deutlicher zu vertreten.
- ich gerade erfahre, dass die deutsche Pünktlichkeit und die deutschen Strukturen nicht immer von Vorteil sind. Ich übe mich in Gelassenheit!
- ich die Möglichkeit habe, eine neue Sprache zu lernen."

(Aussage einer Betreuerin einer Wohngruppe für unbegleitete minderjährige Flüchtlinge)

Die Arbeit mit minderjährigen Flüchtlingen ist in den letzten Jahren ein fester Bestandteil der Jugendhilfe geworden. Das vorliegende Buch richtet sich vorrangig an (angehende) pädagogische Fachkräfte, die in dieses Arbeitsfeld einsteigen möchten.

Mit besonderen Herausforderungen verbunden ist dabei die Arbeit mit **unbegleiteten** minderjährigen Flüchtlingen. Daher steht diese Zielgruppe im Fokus dieses Buchs. Viele der hier beschriebenen Spezifika der Arbeit gelten generell in der Arbeit mit minderjährigen Geflüchteten.

Die Auseinandersetzung mit der Thematik „Pädagogische Arbeit mit (unbegleiteten) minderjährigen Flüchtlingen" ist ein hochkomplexes Unterfangen. So gibt es eine Vielzahl von rechtlichen Regelungen, die Einfluss auf die pädagogische Arbeit haben. Und die Problemlagen der Jugendlichen sind sehr vielschichtig. Dementsprechend ergeben sich vielfältige Anforderungen an das Wissen, das Können und die Haltungen der pädagogischen Fachkräfte.

Im vorliegenden Werk haben wir das Augenmerk auf die Arbeit mit unbegleiteten minderjährigen Flüchtlingen in Wohngruppen gelegt. Dazu stellen wir zunächst eine fiktive Wohngruppe vor. Anschließend werden die zentralen rechtlichen Aspekte, die für die Arbeit mit dieser Zielgruppe relevant sind, skizziert. Zur Betrachtung des pädagogischen Handelns haben wir verschiedene Perspektiven eingenommen und beleuchten das Thema in jedem Unterkapitel aus einem anderen Blickwinkel. Am Ende jedes dieser Unterkapitel wird der Bezug zur fiktiven Wohngruppe hergestellt. Exemplarisch wird dargelegt, was es für die Arbeit in der Wohngruppe bedeutet, wenn man die Situation aus der gerade dargestellten Perspektive betrachtet.

Die Arbeit mit unbegleiteten minderjährigen Flüchtlingen ist in erster Linie soziale Arbeit mit jungen Menschen. Daher gelten eine Vielzahl der hier beschriebenen Problem- und Aufgabenstellungen sowie die sozialpädagogischen Antworten darauf gleichermaßen für die Arbeit mit Jugendlichen, die mindestens einen in Deutschland lebenden Elternteil haben.

Zur besseren Lesbarkeit des Textes haben wir uns entschlossen, immer in der männlichen Form zu schreiben. Selbstverständlich sind alle Geschlechter gemeint.

1

DIE WOHNGRUPPE RUPERT-NEUDECK-STRAßE – EINE FIKTIVE JUGENDWOHNGEMEINSCHAFT

Um die Theorie auch anhand von konkreten, praxisnahen Beispielen zu verdeutlichen, haben wir eine kleine Wohngruppe erfunden. Die Bewohner und Mitarbeiter unserer WG sind keine realen Personen, die beschriebenen Lebensgeschichten, Probleme und Verhaltensweisen orientieren sich jedoch an Fluchtgeschichten und Konfliktbeschreibungen, die uns bei unseren Recherchen begegnet sind.

In der Wohngruppe leben Jugendliche verschiedener Herkunftsländer zusammen. Innerhalb ihrer Nationalitäten finden sie sich schnell in Gruppen zusammen. Bei den Gruppen untereinander kommt es jedoch häufiger zu Streit, auch schon mal zu kleinen körperlichen Übergriffen.

In der Wohngruppe leben unter anderem folgende junge Männer:
Salem A.: 16 ½ Jahre alt, in Syrien geboren, praktizierender Muslim
Ahmet B.: angegebenes Alter : 17 Jahre, in Algerien geboren, Muslim, lebt seinen Glauben nur zum Teil aktiv
Amadou C.: 18 ½ Jahre alt, kommt aus Guinea, praktizierender Muslim
Einer der Mitarbeiter im Wohngruppenteam ist:
Frank D.: 35 Jahre alt, Deutscher, ev. Christ, aktiv in der Gemeindearbeit

***Salem** ist seit 2 Monaten in Deutschland. Er erlebte mehrere Bombenanschläge in der Nähe von Damaskus. Unter anderem war er Augenzeuge eines Anschlags auf einem sehr belebten Marktplatz, bei dem es zahlreiche Tote gab. Danach beschloss seine Familie, ihn nach Deutschland zu schicken. Er soll sich in Deutschland Arbeit suchen und dann die Familie nachholen.*

Den Mitarbeitern gegenüber berichtet Salem schon sehr bald detailreich von seinen Kriegs- und Fluchterlebnissen.

Es fällt auf, dass er ständig unter Schlafstörungen leidet. Darauf angesprochen, berichtet Salem, dass er unruhig ist und oft weinen muss, weil er sich Sorgen um seine jüngeren Schwestern und seine Eltern macht. Oft hat er mehrere Tage keinen telefonischen Kontakt zu ihnen. Zudem spricht er von Flashbacks, bei denen die schrecklichen Bilder des Bombenanschlags immer wieder hochkommen, vor allem, wenn er alleine sei. Größere Menschenansammlungen lösen starke Ängste bei ihm aus, er vermeidet sie deshalb.

Auch wenn er ein Martinshorn höre, bekomme er Angst und schaue sich sofort ängstlich um.

Eine psychologische Einschätzung ergab, dass er mit großer Wahrscheinlichkeit unter einer posttraumatischen Belastungsstörung (PTBS) leidet. Einer Therapie steht er jedoch sehr ablehnend gegenüber. Schließlich sei er nicht „geisteskrank", wie er es ausdrückt. Außerdem habe er gehört, dass andere eine Therapie schnell wieder abgebrochen hätten, weil das nichts bringe.

Er lebt seine Religion sehr aktiv und fühlt sich den familiären Werten und Traditionen stark verbunden. Kontakte mit deutschen Jugendlichen vermeidet er weitgehend.

Ahmet ist seit ca. einem Jahr in Deutschland. Geboren und aufgewachsen ist er in einem kleinen algerischen Dorf. Seine Flucht ist weitgehend auf die große Armut in seinem Land zurückzuführen.

Im Allgemeinen wirkt er wie ein recht reifer junger Mann. Im Alltag schwankt er jedoch häufig zwischen respektvollen und akzeptierten Verhaltensweisen und respektlosem, verbal aggressivem Verhalten. Er wehrt sich insbesondere dagegen, Regeln und Gesetze einzuhalten. Er überschreitet z. B. häufig die Gruppenregeln bezüglich der Ausgangszeiten. Er trinkt entgegen den Gruppenregeln Alkohol in der Wohngruppe und er konsumiert gelegentlich illegale Drogen (Cannabis).

Auch in der Schule kommt es zu Auffälligkeiten. Wenn Ahmet konzentriert am Unterricht teilnimmt, scheint ihm das Lernen sehr leicht zu fallen. Aber auch hier fällt es ihm schwer, sich an die bestehenden Regeln zu halten. So schwänzt er z. B. häufiger den Unterricht, er kommt verspätet aus den Pausen usw.

Es scheint, als nähme er weder die Betreuer in der Gruppe noch die Lehrer in der Schule ernst.

Seinem Glauben fühlt er sich z. T. verpflichtet, hält sich aber wenig an religiöse Regeln. Neuen Werthaltungen steht er grundsätzlich offen gegenüber. Er hat auch Kontakte zu Deutschen aufgebaut.

In der Gruppe fällt den anderen Bewohnern und den Betreuern häufig auf, dass Ahmet unterschiedliche Angaben zum eigenen Alter, zu Schulzeiten im Heimatland und etwaigen Schulabschlüssen macht. Seine Kontakte im Heimatland und auch in Deutschland sind oft deutlich älter als er.

Die Betreuer halten es für möglich, dass Ahmets Angaben zu seinem Alter nicht korrekt sind.

Ahmet betont immer wieder, dass er so schnell wie möglich aus der Gruppe ausziehen und alleine leben möchte.

Amadou *ist bereits volljährig. Er hat jedoch einen Antrag auf „Hilfe für junge Volljährige" (§ 41 KJHG) gestellt. Dieser wurde bewilligt, sodass er vorerst in der Wohngruppe verbleiben kann.*

Er erlebte in Guinea massive persönliche Verfolgung und hatte unter körperlichen Repressalien zu leiden, da er homosexuell ist. Homosexualität steht in Guinea gesetzlich unter Strafe und ist auch aus religiöser Sicht nicht gestattet. Dies führte bei ihm als gläubigem Muslim zu starkem Selbstzweifel.
Es entwickelte sich ein Gefühl der Minderwertigkeit und gleichzeitig der starke Wunsch, doch menschlich und körperlich gefallen zu wollen.
In seiner extrem schwierigen Situation gelangte Amadou in einen Prostitutionsring für Homosexuelle. Hier wurde er verkauft, erpresst und bewusst mit dem HI-Virus angesteckt.

Seine Homosexualität hat Amadou auch in Deutschland lange geheim gehalten, auch vor den Betreuern. Selbst bei seiner Anhörung beim Bundesamt für Migration und Flüchtlinge wollte er zunächst die Wahrheit über die Hintergründe seiner Flucht nicht preisgeben. Zu groß war die Angst vor erneuter Verfolgung und Bloßstellung. Erst die Anerkennung als Flüchtling durch das Bundesamt für Migration und Flüchtlinge gab ihm erstes Vertrauen.
Amadou kämpft heute noch mit starken Verlust- und Todesängsten. Zudem scheint er getrieben von dem Gedanken, dass er jedem Auskunft über seine sexuelle Orientierung geben müsse.
Eine Idee, wie sein zukünftiges Leben verlaufen soll, scheint er derzeit noch nicht entwickelt zu haben.

Frank (Mitarbeiter) *arbeitet bereits seit Längerem in unterschiedlichen Konstellationen mit Flüchtlingen. In der Wohngruppenarbeit mit 24-Stunden-Betreuung ist er jedoch erstmalig tätig.*

In der Arbeit erlebt er, dass die Jugendlichen ihm und seinen Kollegen gegenüber in der Regel sehr freundlich und respektvoll sind. Bei den Jugendlichen untereinander beobachtet er immer wieder teils heftige Auseinandersetzungen oder sehr ignorierendes Verhalten.
Je länger er dort arbeitet, umso bedrohlicher erlebt er die Situationen, in denen die Jugendlichen untereinander diskutieren und sich streiten. Vor allem, wenn sich zwei Jugendliche mit gleicher Sprache streiten, fällt es ihm schwer, einzuschätzen, worum es in dieser Situation geht und „was sich gerade zusammenbraut". Aufgrund der teilweise hohen Impulsivität und teils aggressiv wirkenden Sprache und Gesten, vor allem der arabischen, fühlt Frank sich zunehmend unwohl. Er hat Sorge, das Geschehen nicht mehr unter Kontrolle halten zu können. Kleinere Eskalationen veranlassen ihn daher, schon mal Kollegen zur Hilfe zu rufen.

Emotional stark bedrohend für Frank ist auch, dass er immer wieder realisiert, wie sehr die zunehmende Skepsis in Deutschland und die bürokratischen Hürden den Jugendlichen das Ankommen erschweren. Er merkt, wie dies die Jugendlichen oft frustriert und wie perspektivlos viele von ihnen ihre Zukunft hier erleben.
All diese Erfahrungen lassen Frank immer unsicherer werden, ob der gewählte Arbeitsbereich für ihn der richtige ist.

BEGRIFFE UND FAKTEN

2.1 Begriffsbestimmungen

Unbegleitete minderjährige Flüchtlinge (abgekürzt umF oder auch muF für „minderjährige unbegleitete Flüchtlinge") – wer ist damit gemeint?

Vermutlich haben wir alle ein Bild von dieser Gruppe im Kopf: Jugendliche, die sich allein auf den Weg aus ihrer Heimat nach Deutschland gemacht haben. Bei genauerem Hinsehen ergeben sich aber Fragen wie z. B.: „Wann ist der Jugendliche unbegleitet? Wenn er ohne Eltern kommt? Was ist, wenn andere Verwandte oder Bekannte gemeinsam mit ihm kommen? Ist er dann immer noch unbegleitet?" oder „Wer gilt überhaupt als Flüchtling?"

Diese Fragen zu beantworten und die Begriffe zunächst rechtlich zu definieren, ist wichtig, weil die Antwort auf die Frage, ob jemand als unbegleiteter minderjähriger Flüchtling gilt oder nicht, weitreichende rechtliche und damit persönliche Folgen für den Betroffenen hat.

Als „**unbegleitet**" gelten Minderjährige, die ohne Erziehungs- oder Sorgeberechtigte in das Gebiet der Bundesrepublik Deutschland einreisen. Gleiches gilt für Kinder und Jugendliche, die nach ihrer Einreise von ihren Eltern langfristig getrennt leben und von diesen nicht versorgt werden können (vgl. Amtsblatt der EU, 2011).

Als „**minderjährig**" gilt in Deutschland jede Person unter 18 Jahren (BGB § 2). Bis zur Volljährigkeit werden die Interessen des Minderjährigen von Erziehungsberechtigten (Eltern oder Vormund) vertreten.

Mit dem Begriff „**Flüchtling**" sind im juristischen Sinne Personen gemeint, die das Anerkennungsverfahren gemäß der Genfer Flüchtlingskommission (1951) erfolgreich durchlaufen und damit den Status als anerkannter Flüchtling bekommen haben.

Personen, die dieses Verfahren noch nicht erfolgreich durchlaufen haben, gelten im juristischen Sinne daher nicht als Flüchtlinge. Sie gelten als „Ausländer/-innen".

Bezogen auf unbegleitete Jugendliche, die (noch) nicht als Flüchtling anerkannt sind, spricht das Bundesministerium daher seit 2015 von „unbegleiteten minderjährigen Ausländern/Ausländerinnen (umA)"[1].

Abweichend von der juristischen Formulierung, wird in der Fachdiskussion z. T. weiterhin von „unbegleiteten minderjährigen Flüchtlingen" gesprochen, weil die besonderen Bedürfnisse dieser Personengruppe sich nicht in erster Linie aus dem „Ausländer-Sein", sondern durch die Fluchterfahrung ableiten lassen.

Weil diese besonderen Bedürfnisse zentraler Gegenstand dieses Buchs sein werden, halten wir im Folgenden am Begriff „unbegleitete minderjährige Flüchtlinge" fest.

2.2   Zahlen und Daten

Derzeit sind weltweit ca. 65,6 Millionen Menschen auf der Flucht, so viele wie seit dem Zweiten Weltkrieg nicht mehr. Schätzungsweise über die Hälfte davon sind laut der UN-Flüchtlingshilfe Kinder und Jugendliche unter 18 Jahren. Deutschland als viertgrößte Wirtschaftsmacht der Welt hat seit dem Jahr 2015 mit rund 1,4 Millionen nur etwas mehr als 2 % dieser Flüchtlinge aufgenommen (vgl. Diakonie Deutschland, 2018).

„Flucht und Asyl haben aktuell leider ein junges Gesicht", so bringen Brinks u. a. (2017) die aktuellen Flüchtlingszahlen auf den Punkt. Die Zahl der Kinderflüchtlinge hat sich in den letzten 10 Jahren verdoppelt (vgl. a. a. O., S. 13). 2017 ist die Zahl der unbegleiteten minderjährigen Flüchtlinge gegenüber den beiden Vorjahren zwar wieder gefallen, aber dennoch ist weltweit ca. jeder zweite Flüchtling unter 18 Jahren. Das ist mehr als ihr Anteil an der Gesamtbevölkerung. Das heißt, die Zahl von Kindern, die auf der Flucht sind, ist überproportional hoch.

Am 30.09.2017 befanden sich in Deutschland ca. 582 unbegleitete minderjährige Flüchtlinge in einer vorläufigen Inobhutnahme und 3.635 in der regulären. Insgesamt waren zu diesem Zeitpunkt 33.128 unbegleitete minderjährige Flüchtlinge sowie volljährig gewordene Heranwachsende in Leistungen der Kinder- und Jugendhilfe.

2016 waren 91,1 % davon männliche und 8,9 % weibliche Jugendliche (vgl. Diakonie Deutschland, 2018).

---

[1]   Der Terminus wurde mit dem 2015 beschlossenen „Gesetz zur Verbesserung der Unterbringung, Versorgung und Betreuung ausländischer Kinder und Jugendlicher" eingeführt.

Die Anzahl der minderjährigen Asylantragsteller nahm in Deutschland bis 2016 stark zu. Im Jahr 2015 beantragten 22.255 der jungen Flüchtlinge Asyl, 2016 waren es 35.939, die Anzahl sank danach aber wieder drastisch. Dabei ist jedoch zu beachten, dass unbegleitete minderjährige Flüchtlinge oftmals gar keine Asylanträge stellen.

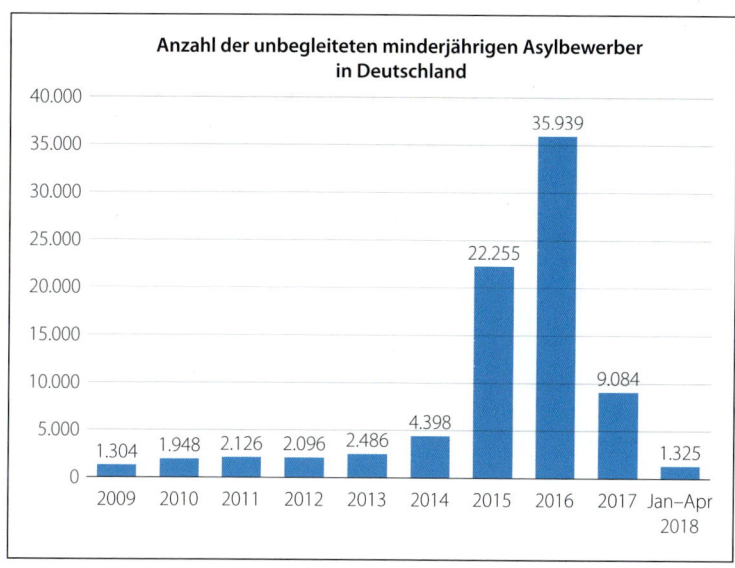

(Quelle: BAMF, 2014 u. 2018)

Die Antragsteller sind größtenteils 16–17 Jahre alt. Die Hauptherkunftsländer waren in 2017 Afghanistan (17 %) und Eritrea (9,9 %).

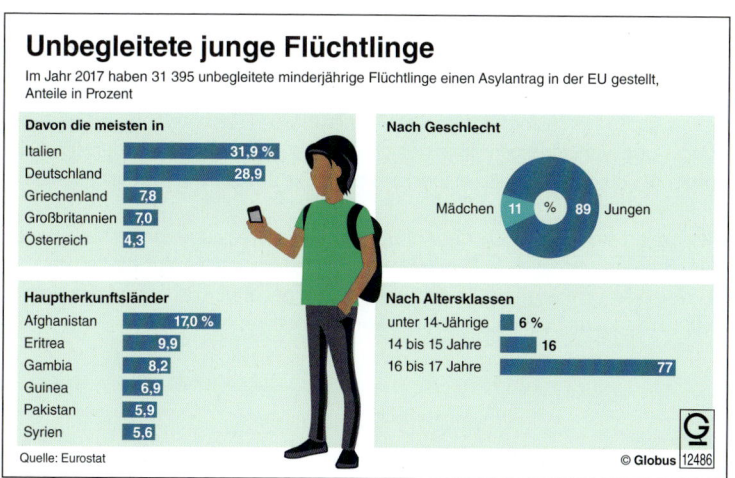

Die Dauer des Asylverfahrens bis zu einer behördlichen Entscheidung betrug im 3. Quartal 2017 durchschnittlich knapp 10 Monate, bei Minderjährigen aus der Russischen Föderation sogar über 14,3 Monate. Dazu ist noch die Zeit vor der formellen Asylantragstellung beim Bundesamt hinzuzurechnen, die oft mehrere Monate dauern kann.

Die **Gesamtschutzquote**, d. h. die Zahl aller positiven Anerkennungen von Asyl, Flüchtlingsstatus oder subsidiärem Schutz lag im Jahr 2016 zwischen 93,8 und 97 % und im ersten Halbjahr 2017 bei ca. 80 % (vgl. Diakonie Deutschland, 2018).

Alle hier genannten Zahlen sind jedoch nur ungefähre Werte. So haben laut der Organisation *Pro Asyl* mehrere Hunderttausend Flüchtlinge kurzfristig keine Möglichkeit, überhaupt einen Asylantrag zu stellen, weil das Bundesamt für Migration und Flüchtlinge völlig überlastet ist. Zudem kann eine hohe Anzahl von Doppel- und Fehlregistrierungen wohl nicht ausgeschlossen werden. Weiterhin muss davon ausgegangen werden, dass nicht wenige unbegleitete minderjährige Flüchtlinge unbemerkt nach Deutschland einreisen oder Deutschland nur als Transitland nutzen und sich bei den Behörden hier gar nicht melden, weil sie weiterreisen wollen. Es ist statistisch auch nicht genau zu belegen, wie viele der gemeldeten Kinder und Jugendlichen unbegleitet nach Deutschland kommen. Zwar wird im Ausländerzentralregister das Alter der Person erfasst, Rückschlüsse auf familiäre Verbindungen sind aufgrund der Daten jedoch nicht möglich. Daher beruhen die meisten Angaben auf Schätzungen (vgl. Deutscher Caritasverband, 2017, S. 19 f.).

Für die **Kinder- und Jugendhilfe** entsteht aus den hier kurz umrissenen Gegebenheiten die Notwendigkeit, sich auf die Unterstützungsbedarfe von Flüchtlingsfamilien, von unbegleiteten minderjährigen Flüchtlingen und jungen Erwachsenen einzustellen. Es müssen passende Hilfestrukturen entwickelt werden, um adäquate Angebote machen zu können.

Wie oben bereits genannt, erhielten im September 2017 über 33.000 Flüchtlingskinder und jugendliche Flüchtlinge Leistungen der Kinder- und Jugendhilfe. Diese innerhalb eines angemessenen Zeitraums zu gewährleisten, stellt die Jugendämter vor große Herausforderungen. Einerseits müssen sie notwendige Unterbringungs- und Versorgungsmöglichkeiten schaffen, andererseits werden fachliche Konzepte und qualifiziertes Personal benötigt. Die Bedarfe sind überall noch groß.

Gleichzeitig wachsen auch die Anforderungen an die Jugendhilfe von jungen Menschen und Familien in Deutschland generell. Hier seien nur Kindertagesbetreuung oder Schulsozialarbeit als zwei Bereiche genannt. Die Jugendhilfe steht in Deutschland damit vor großen Herausforderungen.

2.3   Fluchtursachen

Neben Fluchtgründen, die auch für erwachsene Flüchtlinge gelten (z. B. Flucht vor Krieg und Terror), existiert eine Reihe von Gründen, die insbesondere für Kinder und Jugendliche zutreffen.

Manchen droht die Zwangsrekrutierung als Kindersoldaten oder sie sind von Kinderhandel bedroht. Sie können auch schon Opfer geworden sein. Andere fliehen wegen körperlicher Ausbeutung, weil sie gefoltert wurden, für die politischen Aktivitäten ihrer Eltern zur Rechenschaft gezogen wurden, deren Tötung erlebten, selbst zur Zwangsheirat oder Zwangsprostitution gezwungen wurden, weil sie von Genitalverstümmelung bedroht sind oder sexuell missbraucht wurden. Andere Jugendliche suchen eine Chance auf Bildung und Perspektive für ihr Leben und das ihrer Familien. Dabei fliehen die Kinder entweder aus eigenem Antrieb oder sie werden von ihren Eltern bzw. Bezugspersonen geschickt (vgl. Deutscher Caritasverband, 2017, S. 21 f.).

Diese und weitere Gründe führen dazu, dass viele der Kinder und Jugendlichen ihr Heimatland bereits traumatisiert verlassen.

Auf der Flucht kommen dann i. d. R. weitere traumatische Erfahrungen hinzu. Die **Fluchtwege** sind lang und gefährlich. Die Kinder und Jugendlichen sind von vornherein auf sich allein gestellt oder verlieren ihre Eltern auf der Flucht. Ohne den Schutz der Familie sind sie den Schleusern noch mehr ausgeliefert. Oft müssen sie hart arbeiten, um die Schlepper zu bezahlen. Nicht selten werden sie in die Prostitution geschickt. Immer wieder werden sie unterwegs Opfer von Gewalt, sie sind auf ihrem Weg vielfach vom Tode bedroht. Ihre illegalen Reisen erfolgen nicht selten unter unmenschlichen Bedingungen und dauern oft Monate oder Jahre an. Viele Flüchtende wissen schon beim Verlassen ihrer Heimat, dass sie mit großer Wahrscheinlichkeit unterwegs von Banden festgehalten, misshandelt und, wenn alles gut geht, gegen Lösegeld wieder freigelassen werden. Dennoch machen sie sich auf den Weg, um sich selbst und ihren Familien eine Lebensperspektive zu verschaffen.

Solche Erlebnisse stellen für jeden Menschen, egal welchen Alters, eine enorme **Bedrohung und Belastung** dar. Die Wirkungen auf Kinder können jedoch noch viel drastischer sein als bei Erwachsenen. Kinder sind noch verletzlicher, abhängiger und haben weniger ausgebildete Bewältigungsstrategien. Bei unbegleiteten Minderjährigen kommt hinzu, dass sie all die dramatischen Erfahrungen auf der Flucht alleine, getrennt von ihrer Familie und ihrem sozialen Umfeld durchstehen müssen. Diese Gruppe ist also einer doppelten Belastung ausgesetzt. Sie sind körperlichen und psychischen Leiden ausgesetzt und dabei ohne den Schutz ihrer Eltern bzw. Bezugspersonen. Unbegleitete minderjährige Flüchtlinge benötigen in Deutschland daher besonderen Schutz und besondere Unterstützung. Damit kommt den Personen, die diese Kinder hier betreuen und begleiten, eine besondere Verantwortung zu.

3 RECHTLICHE RAHMENBEDINGUNGEN UND KONSEQUENZEN FÜR DEN SOZIALPÄDAGOGISCHEN ALLTAG

3.1 Rechtliche Rahmung

Die rechtlichen Bestimmungen, die es im Zusammenhang mit der Einreise und dem Aufenthalt minderjähriger unbegleiteter Flüchtlinge in Deutschland gibt, sind sehr umfassend und können im Rahmen dieser Veröffentlichung, die schwerpunktmäßig auf Fragen der pädagogischen Arbeit mit diesen jungen Menschen abzielt, nicht ausführlich dargestellt werden. Sie sollen hier nur kurz skizziert werden. In den folgenden Kapiteln wird immer wieder Bezug auf die rechtlichen Rahmenbedingungen genommen. Diese werden im jeweiligen Kontext dann z. T. näher erläutert.

Zu den rechtlichen Grundlagen, die bedeutsam für den Umgang mit unbegleiteten minderjährigen Flüchtlingen in Deutschland sind, gehören grundsätzlich zwei Stränge: das Ausländer- und Migrationsrecht sowie das Kinder- und Jugendhilfegesetz (SGB VIII).

3.1.1 Ausländer- und Migrationsrecht

Der erste Strang ist das Ausländer- und Migrationsrecht. Dazu gehört im Wesentlichen das Asylgesetz (AsylG), das den Ablauf des Asylverfahrens regelt, und das Aufenthaltsgesetz (AufenthG), das z. B. Regelungen zur Aufenthaltserlaubnis, zur Abschiebung und zur Teilnahme an Integrationskursen enthält.

Duldung und Abschiebung

Kennzeichnend für die rechtliche Lage vieler unbegleiteter minderjähriger Flüchtlinge ist, dass sie keinen festen Aufenthaltsstatus haben, sondern dass sie lediglich mit einer **Duldung** in Deutschland leben. Während eine Aufenthaltserlaubnis einen rechtmäßigen Aufenthalt im Land ermöglicht, sind die nur geduldeten Minderjährigen eigentlich ausreisepflichtig. Eine Duldung bedeutet dann, dass die **Abschiebung** ausgesetzt ist. Die Duldung kann aber jederzeit fristlos widerrufen werden. Unbegleitete minderjährige Flüchtlinge, die lediglich geduldet sind, leben daher mit der ständigen Angst, abgeschoben werden zu können (vgl. Diakonie Deutschland, 2018).

Die Duldung ist in § 58 Abs. 1 a Aufenthaltsgesetz begründet. Hier heißt es:

„Vor der Abschiebung eines unbegleiteten minderjährigen Ausländers hat sich die Behörde zu vergewissern, dass dieser im Rückkehrstaat einem Mitglied seiner Familie, einer zur Personensorge berechtigten Person oder einer geeigneten Aufnahmeeinrichtung übergeben wird". Da dies i.d.R. nicht gewährleistet werden kann, werden unbegleitete minderjährige Flüchtlinge meistens bis zur Volljährigkeit geduldet.

Aufenthaltserlaubnis
Sogenannte „**integrierte Jugendliche**" können aber über eine Duldungserlaubnis hinaus eine **Aufenthaltserlaubnis**[1] bekommen.

§ 25 a AufenthG – Aufenthaltsgewährung bei gut integrierten Jugendlichen und Heranwachsenden – beschreibt als Voraussetzung:

(1) Einem jugendlichen oder heranwachsenden geduldeten Ausländer soll eine Aufenthaltserlaubnis erteilt werden, wenn

„1. er sich seit vier Jahren ununterbrochen erlaubt, geduldet oder mit einer Aufenthaltsgestattung im Bundesgebiet aufhält,
2. er im Bundesgebiet in der Regel seit vier Jahren erfolgreich eine Schule besucht oder einen anerkannten Schul- oder Berufsabschluss erworben hat,
3. der Antrag auf Erteilung der Aufenthaltserlaubnis vor Vollendung des 21. Lebensjahres gestellt wird,
4. es gewährleistet erscheint, dass er sich aufgrund seiner bisherigen Ausbildung und Lebensverhältnisse in die Lebensverhältnisse der Bundesrepublik Deutschland einfügen kann und
5. keine konkreten Anhaltspunkte dafür bestehen, dass der Ausländer sich nicht zur freiheitlichen demokratischen Grundordnung der Bundesrepublik Deutschland bekennt."

Im Zusammenhang mit diesem Gesetz kommt dem Besuch der Schule und einer **Ausbildung** eine besondere Bedeutung zu. Gelingt es dem Heranwachsenden, hier erfolgreich zu sein, kann er eine Aufenthaltserlaubnis bekommen. Vor diesem (rechtlichen) Hintergrund ist dieses Thema in der pädagogischen Arbeit mit dieser Zielgruppe also besonders wichtig.

3.1.2 Kinder- und Jugendhilferecht (SGB VIII)
Der zweite Strang ist das Kinder- und Jugendhilferecht (SGB VIII). Diese Rechtsgrundlage ist für die pädagogische Arbeit mit minderjährigen unbegleiteten Flüchtlingen besonders relevant:

Zunächst schreibt das **Sozialgesetzbuch (SGB) VIII** ein grundsätzliches Recht auf Erziehung, Elternverantwortung und Jugendhilfe fest:

---
[1] Eine Aufenthaltserlaubnis wird befristet erteilt, kann aber verlängert werden.

Jeder junge Mensch hat in Deutschland das Recht auf „Förderung seiner Entwicklung und Erziehung zu einer eigenverantwortlichen und gemeinschaftsfähigen Persönlichkeit". Dabei sind sie vor Gefahren „für ihr Wohl" zu schützen (§ 1 SGB VIII). Das gilt für alle Minderjährigen, auch für Flüchtlinge.

Dann legt es fest, auf welche Personengruppe dieses Gesetz anzuwenden ist:

Laut § 7 ist ein Kind, „wer noch nicht 14 Jahre alt ist" und Jugendlicher, „wer 14, aber noch nicht 18 Jahre alt ist".

Um das Wohl des Kindes zu schützen, ist das Jugendamt berechtigt und verpflichtet, ein Kind oder einen Jugendlichen in seine Obhut zu nehmen. Das gilt auch, „wenn (…) ein ausländisches Kind oder ein ausländischer Jugendlicher unbegleitet nach Deutschland kommt und sich weder Personensorge- noch Erziehungsberechtigte im Inland aufhalten" (§ 142 SGB VIII).

Vorläufige Inobhutnahme
Reist ein Minderjähriger unbegleitet nach Deutschland ein, so wird er zunächst in Obhut genommen, um festzustellen, wie zum Wohle dieses Menschen weiter zu handeln ist. Es handelt sich hierbei um eine **vorläufige Inobhutnahme**.

§ 42 a formuliert: „Das Jugendamt ist berechtigt und verpflichtet, ein ausländisches Kind oder einen ausländischen Jugendlichen *vorläufig* (Hervorhebung durch d. V.) in Obhut zu nehmen, sobald dessen unbegleitete Einreise nach Deutschland festgestellt wird. Ein ausländisches Kind oder ein ausländischer Jugendlicher ist grundsätzlich dann als unbegleitet zu betrachten, wenn die Einreise nicht in Begleitung eines Personensorgeberechtigten oder Erziehungsberechtigten erfolgt; dies gilt auch, wenn das Kind oder der Jugendliche verheiratet ist." Demnach gilt allein die Tatsache der unbegleiteten Einreise als potenziell kindeswohlgefährdend.

Bis 2015 wurde nicht jedes Kind, das **ohne Personensorgeberechtigten** einreiste, automatisch vorläufig in Obhut genommen. Am 01.11.2015 wurde aber ein Gesetz zur Verbesserung der Unterbringung und Betreuung ausländischer Kinder und Jugendlicher verabschiedet, das vorsieht, dass diese Kinder und Jugendlichen quotal auf die Bundesländer und Kommunen verteilt werden. Um sicherzustellen, dass bei dieser Verteilung das Kindeswohl nicht außer Acht gelassen wird, werden zunächst alle unbegleiteten Kinder in Obhut genommen.

§ 42 a Abs. 2 legt als Auftrag für diese Zeit fest:

„Das Jugendamt hat während der vorläufigen Inobhutnahme zusammen mit dem Kind oder dem Jugendlichen einzuschätzen,

1. ob das Wohl des Kindes oder des Jugendlichen durch die Durchführung des Verteilungsverfahrens gefährdet würde,
2. ob sich eine mit dem Kind oder dem Jugendlichen verwandte Person im Inland oder im Ausland aufhält,

3. ob das Wohl des Kindes oder des Jugendlichen eine gemeinsame Inobhutnahme mit Geschwistern oder anderen unbegleiteten ausländischen Kindern oder Jugendlichen erfordert und

4. ob der Gesundheitszustand des Kindes oder des Jugendlichen die Durchführung des Verteilungsverfahrens innerhalb von 14 Werktagen nach Beginn der vorläufigen Inobhutnahme ausschließt; hierzu soll eine ärztliche Stellungnahme eingeholt werden.

Auf der Grundlage des Ergebnisses der Einschätzung nach Satz 1 entscheidet das Jugendamt über die Anmeldung des Kindes oder des Jugendlichen zur Verteilung oder den Ausschluss der Verteilung."

Eine weitere Aufgabe im Rahmen der vorläufigen Inobhutnahme ist die **Feststellung des Alters** des jungen Menschen (§ 42 f SGB VII). Zudem muss das Jugendamt schon während der vorläufigen Inobhutnahme einschätzen, ob eine Asylantragstellung notwendig ist (vgl. Bundesfachverband unbegleitete minderjährige Flüchtlinge, o. J.).

Ob der vorläufigen Inobhutnahme eine reguläre folgt, ist davon abhängig, ob sich Personensorge- oder Erziehungsberechtigte im Land aufhalten oder nicht und welche Unterbringung dem Wohl des Kindes entspricht.

In den §§ 27 ff. werden mögliche weitere Jugendhilfeleistungen beschrieben. Dies kann z. B. die stationäre Unterbringung in einer Jugendwohngemeinschaft (Heimerziehung) oder Pflegefamilie sein.

Wird bei einem Flüchtling die **Minderjährigkeit** festgestellt, so kann er von den verschiedenen gesetzlich festgelegten Schutzbestimmungen profitieren. Das betrifft die Inobhutnahme durch das Jugendamt, die Einleitung eines Clearingverfahrens, die Unterstützung durch einen Vormund, die Unterbringung in einer Jugendhilfeeinrichtung oder Pflegefamilie (nach §§ 27 ff. SGB VIII) statt in einer Asylbewerberunterkunft, Zugang zu Leistungen der Jugendhilfe statt zu Leistungen nach dem Asylbewerbergesetz, Beschulung usw.

Auch der § 41 **(Hilfe für junge Volljährige)** ist für die Zielgruppe „jugendliche Flüchtlinge" von Bedeutung. Er eröffnet die Möglichkeit, über den 18. Geburtstag hinaus Maßnahmen und Angebote der Jugendhilfe in Anspruch zu nehmen. Wird ein minderjähriger Flüchtling volljährig, kann er selbst einen entsprechenden Antrag beim Jugendamt stellen. Aussicht auf Erfolg hat dieses Gesuch, wenn der junge Volljährige glaubhaft machen kann, dass er noch nicht über die entwicklungsmäßige Reife verfügt, sein Leben eigenverantwortlich zu führen, wie man es von einem Erwachsenen erwarten kann. Die Erfahrung zeigt allerdings, dass die Erfolgsaussichten für Anträge nach § 41 bei den verschiedenen Jugendämtern jedoch sehr unterschiedlich sind.

Über diese Regelungen hinaus ist u. a. noch folgender Gesetzestext von Bedeutung:

3.1.3 Die UN-Kinderrechtskonvention (UN-KRK)

Das Übereinkommen über die Rechte des Kindes (UN-Kinderrechtskonvention) wurde 1989 von der Vollversammlung der Vereinten Nationen verabschiedet. 1992 trat sie in Deutschland in Kraft. Es gab jedoch noch Einschränkungen. Seit 2010 ist diese Konvention in Deutschland uneingeschränkt anwendbar (vgl. Bundesministerium für Familie, Senioren, Frauen und Jugend, 2014).

Laut Art. 2 achten die Vertragsstaaten die Rechte und gewährleisten sie jedem Kind „ohne jede Diskriminierung unabhängig von der Rasse, der Hautfarbe, dem Geschlecht, der Sprache, der Religion, der politischen oder sonstigen Anschauung, der nationalen, ethnischen oder sozialen Herkunft, des Vermögens, einer Behinderung, der Geburt oder des sonstigen Status des Kindes, seiner Eltern oder seines Vormunds" (UN-Kinderrechtskonvention).

Art. 3 legt fest, dass alle öffentlichen und privaten Einrichtungen der sozialen Fürsorge, Gerichte, Verwaltungsbehörden und Gesetzgebungsorgane in allen Maßnahmen immer das Wohl des Kinds vorrangig berücksichtigen müssen.

Nach Art. 9 darf ein Kind nur dann von seinen Eltern getrennt werden, wenn dies zum Wohle des Kindes ist.

Artikel 10 sieht u. a. vor, dass Anträge auf Familienzusammenführung „von den Vertragsstaaten wohlwollend, human und beschleunigt bearbeitet" werden.

Nach Art. 12 hat das Kind das Recht, seine Meinung in allen das Kind berührenden Angelegenheiten frei zu äußern. Diese Meinung ist angemessen und dem Alter und der Reife des Kindes entsprechend zu berücksichtigen.

Gemäß Art. 20 haben Kinder, die vorübergehend oder dauerhaft aus ihrem familiären Umfeld gelöst sind, besonderen Anspruch auf Schutz.

All diese Bestimmungen gelten auch für Flüchtlingskinder. Es ist sicherzustellen, dass auch diese Minderjährigen angemessenen Schutz erhalten und bei der Wahrnehmung aller Rechte der Konvention unterstützt werden (vgl. Art. 22 UN-KRK).

3.2 Vorläufige Inobhutnahme

Die meisten unbegleiteten minderjährigen Flüchtlinge sind illegal in die Bundesrepublik eingereist (vgl. BAMF, 2014). Nachdem ihre Einreise bemerkt wird, sie also aufgegriffen werden oder sich selbst stellen, nimmt das örtliche Jugendamt die unbegleiteten Minderjährigen zu ihrem eigenen Wohl zunächst *vorläufig* in Obhut.

Wie im Kapitel „Rechtliche Rahmung" beschrieben, bildet § 42 a SGB VIII die Rechtsgrundlage dafür. Sie verpflichtet das Jugendamt dazu, Kinder und Jugendliche, die bei der Einreise ohne Personensorgeberechtigte oder Erziehungsberechtigte waren, vorläufig in Obhut zu nehmen.

handwerk-technik.de

Schon diese Regelung, die sich zunächst klar und unmissverständlich anhört, bringt in der Praxis Probleme mit sich. So stellt sich die Frage: Wer ist bei ausländischen Personen Sorgeberechtigter? Und ist die begleitende Person wirklich sorge- oder erziehungsberechtigt? Eine weitere Frage ist: Ist die einreisende Person wirklich minderjährig?

Vor einer vorläufigen Inobhutnahme ist daher zu klären, ob der Flüchtling, der angibt minderjährig zu sein, bei der Einreise in Begleitung eines Sorgeberechtigten war.
Die Feststellung des Alters erfolgt dann, nachdem die Person vorläufig in Obhut genommen wurde.

Wer **sorgeberechtigt** ist, wird nicht vom deutschen Recht bestimmt, sondern es gilt die gesetzliche Regelung des Heimatlands des Minderjährigen. Das heißt, die Person, die im Heimatland das Sorgerecht hatte, hat es dann auch in Deutschland. So kann es sein, dass z. B. ein Vater in seinem Heimatland das alleinige Sorgerecht hatte. Nach deutschem Gesetz würde das vielleicht anders sein. Das ist aber irrelevant, weil das Gesetz des Heimatlands gilt (vgl. Gonzales/de Vigo 2017, S. 21). Leben die Personen dann aber in Deutschland, bestimmt das deutsche Recht, wie die elterliche Sorge auszuüben ist (Gesetz zu dem Haager Übereinkommen vom 19.10.1996 (KSÜ) Art. 17). So mag es in manchem Heimatland erlaubt sein, sein Kind zu schlagen. Nach deutschem Recht ist dies nicht erlaubt (§ 1631 II BGB). Das gilt für alle Kinder, die in Deutschland leben, egal welcher Herkunft.

Das **Sorgerecht** als Ganzes kann aber auch gerichtlich auf eine andere Person übertragen worden sein, sodass diese anschließend die Personensorgeberechtigte ist. Außerdem gibt es die Möglichkeit, nicht die gesamte Personensorge, aber Entscheidungsbefugnisse in Angelegenheiten des täglichen Lebens des Minderjährigen auf jemand anderen zu übertragen (Erziehungsberechtigte).

In der Praxis entstehen häufig dann **Probleme**, wenn Kinder oder Jugendliche in Begleitung von Erwachsenen einreisen, die nicht nachweisen können, dass ihnen das Sorge- oder Erziehungsrecht übertragen wurde. Häufig fehlen die rechtlichen Nachweise dazu ganz oder es ist unklar, ob sie echt sind. In solchen Fällen werden dann u. a. Urkunden und Akten verglichen und die Kinder und die Erwachsenen werden getrennt voneinander befragt, um festzustellen, ob der begleitende Erwachsene wirklich die angegebenen Rechte hat. Im Rahmen dieser Überprüfung muss auch festgestellt werden, ob es dem Kindeswohl widerspricht, wenn der Minderjährige von dem oder den begleitenden Erwachsenen getrennt würde. Es soll aber auch geprüft werden, ob von der begleitenden Person vielleicht eine Gefahr für das Kind ausgeht. Die Behörden sind also in dem Spannungsfeld, einerseits zu vermeiden, dass Familien ungerechtfertigt auseinandergerissen werden oder Kinder nicht bei ihren Vertrauenspersonen aufwachsen, und andererseits das Kind nicht einer Gefährdung durch einen begleitenden Erwachsenen ausgesetzt wird. Das Kind könnte z. B. ein Opfer von Menschenhandel oder anderen kriminellen Machenschaften sein. Hier hat das Jugendamt einen Schutzauftrag.

3.2.1 Aufgaben des Jugendamts während der Inobhutnahme

Die vorläufige Inobhutnahme darf höchstens 4 Wochen dauern.

Die Minderjährigen müssen unverzüglich die Gelegenheit erhalten, eine Person des Vertrauens zu benachrichtigen (§ 42 Absatz 2 Satz 2 SGB VIII).

Während der vorläufigen Inobhutnahme muss das Jugendamt zusammen mit dem Kind einschätzen,
- ob das Kindeswohl durch die bundesweite Verteilung gefährdet wird,
- ob eine gemeinsame Inobhutnahme mit Geschwistern oder anderen unbegleiteten minderjährigen Flüchtlingen erforderlich ist,
- ob verwandte Personen im In- oder Ausland ausfindig gemacht werden können
- oder der Gesundheitszustand des jungen Menschen eine Verteilung innerhalb von 14 Werktagen ausschließt.
- Zudem muss das Jugendamt schon während der vorläufigen Inobhutnahme einschätzen, ob eine Asylantragstellung notwendig ist.
- Das Alter muss festgestellt werden.
(Vgl. Bundesfachverband unbegleitete minderjährige Flüchtlinge, o. J.)

Altersfeststellung als besondere Schwierigkeit

Die **Feststellung des Alters** bringt dabei in vielen Fällen besondere Probleme mit sich. Die rechtlichen Anforderungen sind zunächst klar definiert. Das Jugendamt hat laut § 42 f. auch „im Rahmen der vorläufigen Inobhutnahme der ausländischen Person (…) deren Minderjährigkeit durch Einsichtnahme in deren Ausweispapiere festzustellen oder hilfsweise mittels einer qualifizierten Inaugenscheinnahme einzuschätzen und festzustellen." Das heißt, das Jugendamt ist verpflichtet, festzustellen, ob es sich bei der eingereisten Person tatsächlich um einen Minderjährigen handelt. Ist dies nicht eindeutig, können z. B. ärztliche Untersuchungen zur Altersbestimmung durchgeführt werden, Zeugen oder Sachverständige können gehört werden, Akten und Dokumente gesichtet oder andere schriftliche oder elektronische Äußerungen herangezogen werden.

Das Kindeswohl, die Achtung der Menschenwürde und der körperlichen Unversehrtheit müssen bei der Alterseinschätzung gewahrt werden. Außerdem sind die jungen Menschen gem. § 8 SGB VIII an allen sie betreffenden Entscheidungen zu beteiligen.

Eine exakte Altersfeststellung aufgrund von Schätzungen oder medizinischen Untersuchungen ist jedoch in der Praxis kaum möglich. Dies gilt auch für die höchst umstrittene Altersfeststellung durch Handröntgen. Hier zeigen sich Abweichung vom tatsächlichen Alter von bis zu 2 Jahren nach oben oder unten. Ein tatsächlich 18-Jähriger kann Handknochen aufweisen, die wie die eines 16-Jährigen, aber auch wie die eines 20-Jährigen aussehen. Zudem gibt es keine objektiven Kriterien zur Ermittlung des Alters aufgrund der äußeren Erscheinung. Graue Haare oder Bartwuchs z. B. können auch aufgrund hormoneller Störungen oder psychischer

Belastungen während der Flucht auftreten (vgl. Cornely Harboe/Mainzer-Murren-hoff/Heine, 2016, S. 41).

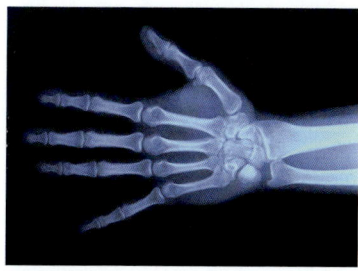

Das Röntgen der Handknochen zur Altersfeststellung ist umstritten

Der Begriff Altersfeststellung ist damit irreführend. Seriös kann nur von **Alters-schätzung** gesprochen werden.

Lässt sich kein sicheres Geburtsdatum feststellen, legt das Familiengericht ein fikti-ves fest. Wird das Geburtsjahr eines Minderjährigen geschätzt, so wird als Geburts-tag der letzte Tag in diesem Jahr festgelegt, damit der junge Mensch möglichst lange den Minderjährigenschutz genießen kann (BVerwG, Urt. v. 31.07.1984, Az. 9c 156783, NJW 185, 576 ff.). In der Praxis begegnet man deshalb regelmäßig Jugend-lichen, die am 31.12. „Geburtstag" haben.

Dezember
31

In der Zeit der vorläufigen Inobhutnahme wird noch **kein Vormund** bestellt. Daher ist das Jugendamt verpflichtet, die Vertretung des Kindes oder Jugendli-chen zu übernehmen. Es hat dringende Entscheidungen für den Minderjährigen zu treffen. Die Mitarbeiter der sozialpädagogischen Wohngruppen bemängeln gelegentlich, dass die Jugendämter „wenig entscheidungsfreudig" seien, auch wenn aus pädagogischer Sicht Entscheidungsbedarf bestehe. Vielmehr würden insbesondere kostenträchtige Entscheidungen gerne verschoben, bis in der regu-lären Inobhutnahme ein Vormund bestellt würde. Dies mache die pädagogischen Fachkräfte in manchen Situationen handlungsunfähig.

Die vorläufige Inobhutnahme mit den damit verbundenen **ersten Klärungs-aufgaben** wird häufig in den Jugendhilfeeinrichtungen der freien Träger durch-geführt. In der Praxis gibt es jedoch auch immer wieder Jugendliche, die in den Erstaufnahmeeinrichtungen bleiben wollen oder zu Verwandten ziehen möchten. Das Jugendamt kann dem zustimmen, wenn es dem Kindeswohl nicht wider-spricht. In dem Fall wird trotzdem eine sozialpädagogische Begleitung und Bera-tung durchgeführt.

Sie endet mit der Übergabe des jungen Menschen an einen Personensorgebe-rechtigten oder er wird im Verteilungsverfahren an ein anderes Jugendamt über-mittelt. Falls Gründe vorliegen, dass er an diesem Verteilungsverfahren nicht teil-nehmen kann, bleibt er erst mal im Bereich des Jugendamts, das ihn vorläufig in Obhut genommen hat.

3.2.2 Sozialpädagogische Anforderungen während der Zeit der vorläufigen Inobhutnahme

Der pädagogische Mitarbeiter der Inobhutnahmestelle ist im Wesentlichen zwei Auftragsschwerpunkten verpflichtet. Einerseits sind dies die **rechtlichen Vorgaben** zum Verfahrensablauf, die er im Rahmen seiner Tätigkeit umzusetzen hat. Der zentrale Aspekt dabei ist, den Minderjährigen auf seine Weiterreise, auf die Umverteilung vorzubereiten. Dabei ist erneut unklar, wohin dieser kommen wird und auf wen er dort treffen wird. In dieser Phase geht es nach Willen des Gesetzes nicht um den Aufbau von Beziehungen, nicht um Integration und nicht um (langfristige) Perspektiven, sondern um Klärung erster Fakten und eine Weichenstellung bezüglich des zukünftigen Aufenthaltsorts (vgl. Herzog, 2017, S. 101).

Daneben benötigen die Kinder/Jugendlichen jedoch auf der **emotionalen Seite** schon zu diesem Zeitpunkt etwas ganz anderes. Als unbegleitete Minderjährige sind sie nach z. T. monatelanger Flucht unter Umständen mit traumatisierenden Erfahrungen in Deutschland angekommen. Auf der Reise waren die meisten vielen Gefahren ausgesetzt.

Nun kommen sie in einem für sie fremden Land mit einer fremden Sprache und teilweise ungewohnten Verhaltensweisen an. Sie sind zusammen mit Jugendlichen, die wiederum aus anderen Ländern mit unterschiedlichen kulturellen Hintergründen und Sprachen kommen, und sie sind mit bürokratischen Prozessen und Aufgaben konfrontiert, die für sie neu und z. T. nicht transparent sind. Häufig haben sie keine Vertrauensperson.

Das Ankommen in Deutschland ist also mit viel Fremdheit, großer Unsicherheit und Zukunftsängsten verbunden. Nach ihren Fluchterfahrungen benötigen die Kinder und Jugendlichen also zunächst einmal Sicherheit und Schutz, Unterkunft und regelmäßige altersentsprechende Versorgung. Diesen (Grund-)Bedürfnissen entsprechend zu arbeiten, würde vor allem bedeuten, Vertrauen aufzubauen, Beziehungen anzubieten, Schutz und Ruhe zu gewähren, herauszufinden, wie es dem Kind/Jugendlichen physisch und psychisch geht, ihm zu helfen, sich im neuen Umfeld zu orientieren, seine Beweggründe für die Flucht, seine Ziele, seine Erwartungen zu erfahren usw.

Im konkreten Alltag wird jedoch viel Zeit damit verbracht, die Jugendlichen z. B. zu Behörden und Ärzten zu begleiten. Zum Teil beschreiben die pädagogischen Kräfte dies als sehr zeitraubend und – aus pädagogischer Perspektive – nur bedingt sinnvoll nutzbare Zeit. Es entsteht oft ein Gefühl, den aktuellen, emotionalen Bedürfnissen der Jugendlichen nicht angemessen begegnen zu können.

Dass die Kinder und Jugendlichen gerade in dieser Situation intensive Zuwendung brauchen, zeigt sich darin, dass nach einer ersten Phase des Ankommens und Erholens häufig akute Spannungen und Ängste aufkommen. Daraus erwachsen nicht selten Konflikte und psychische Krisen, die manchmal auch dramatisch eskalieren. Auch die Unsicherheit darüber, wie es weitergeht, macht den meisten

Jugendlichen Angst. Nicht selten leiden die unbegleiteten minderjährigen Flüchtlinge unter Albträumen und psychosomatischen Beschwerden.

Erschwert wird die Situation durch die in dieser Phase typischen **Sprachbarrieren**. Jugendliche und Betreuer können sich oftmals nur eingeschränkt verständigen und über die Sorgen und Ängste der neu Angekommenen austauschen.

Die psycho-emotionalen Bedarfe der jungen Menschen bei ihrer Ankunft lassen sich mit den gesetzlichen Anforderungen und Erwartungen an die Phase der vorläufigen Inobhutnahme somit schwer vereinbaren.

Der Arbeitsalltag der pädagogischen Mitarbeiter erfordert einen ständigen Spagat zwischen den unterschiedlichen Notwendigkeiten. Erschwert wird die Situation noch dadurch, dass es sich um ein relativ neues Arbeitsfeld handelt. Erst in jüngerer Zeit hat die Arbeit mit dieser Zielgruppe einen Platz in der pädagogischen Ausbildung gefunden. Entsprechende pädagogische Fachliteratur erscheint erst nach und nach.

Da sich das Arbeitsfeld der Arbeit mit unbegleiteten minderjährigen Flüchtlingen in den letzten Jahren deutlich ausgeweitet hat, musste von den Trägern der Jugendhilfe sehr viel Personal neu eingestellt werden. Ein großer Teil dieser neu eingestellten Betreuer hat noch wenig Erfahrungen mit der Zielgruppe und dem Arbeitsfeld. Für die Flüchtlinge bedeutet dies, dass sie auf Betreuer treffen, die sich ihrerseits auch gerade erst an diesen Bereich herantasten und die in bürokratischen und juristischen Fragen noch unerfahren sind. Außerdem müssen diese sich auch in den **pädagogischen Umgang** mit unbegleiteten minderjährigen Flüchtlingen neu einarbeiten. Anfangs wissen sie häufig wenig über den kulturellen Hintergrund der minderjährigen Flüchtlinge, mit denen sie arbeiten wollen. Manche haben sich auch noch keine Gedanken über die eigenen kulturellen Werte gemacht und erst recht nicht, wie man diese Fremden verständlich darstellen kann. Einige Betreuer müssen also in einem ersten Schritt damit beginnen, auch die eigenen Werte zu hinterfragen und damit den Weg zu einem wertschätzenden Miteinander verschiedener Kulturen ebnen.

Konkrete **Aufgaben**, die die pädagogischen Fachkräfte bewältigen müssen, sind u. a.:
* traumatisierten Menschen Schutz und Hilfe anbieten,
* Kontaktaufnahme mit Eltern und Familienangehörigen,
* alltagsorientierte Maßnahmen wie Freizeitgestaltung, Essenszubereitung, sprachliche Förderung anbieten,
* Begleitung bei Behördengängen und Arztbesuchen,
* Zusammenarbeit mit dem Jugendamt, damit dies das Kindeswohl einschätzen und über eine Verteilung oder deren Ausschluss entscheiden kann.

Verfahrens- und Zeitablauf der vorläufigen Inobhutnahme am Beispiel der Stadt Köln

(Vgl. Stadt Köln, o. J.)

Erstaufnahme (2 Werktage):

- Erstaufnahmegespräch mit vereidigtem Dolmetscher
- Überprüfung oder Veranlassung der erkennungsdienstlichen Behandlung
- Altersfeststellung
- Veranlassung eines med. Screenings
- Unterbringung in Erstaufnahmeeinrichtungen, bei Verwandten oder in Fluchtgemeinschaften
- Meldung der Vorläufigen Inobhutnahme beim zuständigen Landschaftsverband

Klärung der Verteilfähigkeit (7 Werktage):

- Abklärung der Kindeswohlgefährdung
- Prüfung familiärer Bezüge und Kontakte
- Gesundheitsüberprüfung veranlassen (TBC-Test!)
- Auswertung der Gesundheitsuntersuchungen
- Meldung über vorläufige Inobhutnahme und Ergebnisse des Erstscreenings

Wege der Anmeldung (7 Werktage):

- Kommune meldet innerhalb von drei Werktagen an Bund.
- Bund meldet innerhalb von zwei Werktagen an Land.
- Land meldet innerhalb von zwei Werktagen an Kommune und erstellt eine Zuweisung an die aufnehmende Kommune.

3.3 Reguläre Inobhutnahme

Im Rahmen einer „vorläufigen Inobhutnahme" werden die grundsätzlichen Fragen nach der Anspruchsberechtigung (Kriterien „unbegleitet", „ausländisch" und „minderjährig") sowie die Frage, ob im Zuge des Verteilungsverfahrens ggf. ein anderes Jugendamt zuständig wird, geklärt. Danach kommt es – bei Erfüllung aller Voraussetzungen – zur klassischen, regulären Inobhutnahme durch das (jetzt langfristig zuständige) Zuweisungsjugendamt.

Zentrale Aufgabe des Jugendamts ist es jetzt, für Unterbringung, Versorgung und pädagogische Betreuung zu sorgen. Da der unbegleitete minderjährige Flüchtling (per Definition) keine sorge- oder erziehungsberechtigte Person an seiner Seite hat, muss das Jugendamt unverzüglich beim Familiengericht einen **Vormund oder Pfleger** für den in Obhut Genommenen bestellen (vgl. Kapitel „Vormundschaft").

Um für die unbegleiteten Minderjährigen ein individuelles, passgenaues Angebot von Jugendhilfemaßnahmen entwickeln zu können, ist in der Regel ein differenzierter Klärungsprozess notwendig. Es ist üblich, hier von einem **Clearing** oder einem **Clearingverfahren** zu sprechen.

3.3.1 Das Clearingverfahren

Das Wort „Clearing" bedeutet im Englischen „Abrechnung" oder „Abwicklung". In der Jugendhilfe meint es einen Prozess (federführend begleitet von pädagogischen Fachkräften), der durch Sammeln relevanter Informationen und Untersuchungen „klären" soll, welche weitergehenden Jugendhilfe-Maßnahmen sinnvoll und geeignet sind.

Bundesweit klar definiert ist der Begriff „Clearing" nicht. Es gibt aktuell keine verbindlichen Richtlinien für ein Clearingverfahren, die in allen Bundesländern gelten. Der Bundesverband unbegleitete minderjährige Flüchtlinge e. V. hat 2009 „Leitlinien zur Inobhutnahme" herausgegeben, die wertvolle Informationen enthalten und damit eine gewisse Orientierung geben können. Unter anderem beschreiben diese Leitlinien übliche Vorgehensweisen bei Clearingverfahren.

Konsens besteht darüber, dass das **Hauptziel** eines Clearingverfahrens bei unbegleiteten minderjährigen Flüchtlingen darin besteht, den Hilfebedarf zu klären und das Kindeswohl zu gewährleisten.

Ein Clearing ist auch für Jugendwohngemeinschaften mit aus Deutschland stammenden Jugendlichen ein durchaus bekanntes und bewährtes Instrument, um den perspektivischen Jugendhilfebedarf eines in Obhut genommenen Kindes oder Jugendlichen festzustellen.

Die Inobhutnahme (und das Clearing) eines unbegleiteten minderjährigen Flüchtlings unterscheidet sich aber von der Inobhutnahme, die z. B. bei einem Jugendlichen notwendig wird, der in Deutschland sorge- bzw. erziehungsberechtigte Erwachsene hat.

Ein stationäres Clearing nach der Inobhutnahme eines Jugendlichen, der mit mindestens einem Sorgeberechtigten in Deutschland wohnt, kann in der Regel auf zahlreiche schon vorliegende Informationen zurückgreifen. Dagegen ist der unbegleitete minderjährige Flüchtling für die Jugendämter in den meisten Fällen ein „unbeschriebenes Blatt". Gerade deshalb ist es sinnvoll, schnellstmöglich einen strukturierten Prozess der Schritt-für-Schritt-Informationssammlung in Gang zu setzen, um mit geeigneten Maßnahmen das Kindeswohl wiederherzustellen und langfristig zu sichern.

Die Minderjährigen müssen über alle sie betreffenden Maßnahmen und Entscheidungen umfassend informiert werden. Der sprachlichen Verständigung kommt daher schon in dieser Phase besondere Bedeutung zu. In den meisten Fällen ist der Einsatz eines professionellen Dolmetschers notwendig. Manchmal ist es schwierig, vor Ort einen geeigneten Übersetzer zu finden, der zeitlich so flexibel ist, wie es ein Clearingverfahren erfordert. In einigen Einrichtungen wird schon mit Video-Konferenzen gearbeitet, bei denen der Dolmetscher in einem Büro in einer anderen Stadt sitzt und per Video zugeschaltet wird.

Die pädagogischen Fachkräfte in den Aufnahmeeinrichtungen haben in den meisten Fällen einen gut strukturierten Ablaufplan für das Clearingverfahren (s. Beispiel auf der nächsten Seite).

Hier ein Beispiel in Anlehnung an das Vorgehen der Evangelischen Jugendhilfe Münsterland:

Clearingverfahren

Tag 1:
- Aufnahme in die Einrichtung in Begleitung durch einen Dolmetscher (Leitfaden zur Strukturierung eines solchen Gespräches s. u.)

Tag 2:
- Schulbesuch

1. Woche:
- Vorstellen des Bezugsbetreuers innerhalb eines Kennenlerngesprächs

4.–6. Woche:
- Medizinische Grunduntersuchung beim Allgemeinmediziner
- Untersuchung beim Zahnarzt
- Beschaffung von Erstbekleidung (Einkaufsliste soll gemeinsam erarbeitet werden)

5.–7. Woche:
- Basisinformationen über den neu angekommenen Jugendlichen an den Psychologen

6.–7. Woche:
- Informationsgespräch mit dem Jugendlichen über seine Flucht, deren Gründe und die Lebenssituation im Heimatland

6.–8. Woche:
- Termin für die psychologische Einschätzung mit dem zuständigen Psychologen

8. Woche:
- Termin für die Asylberatung

9. Woche
- Teambesprechung mit dem Psychologen

9.–10. Woche
- Fallbesprechung zur Vorbereitung des Hilfeplangesprächs (HPG)

10. Woche
- Perspektivgespräch mit dem Jugendlichen unter Einbezug eines Dolmetschers

10.–12. Woche
- Zusammenstellen aller Informationen zu einem Bericht und Weiterleitung an Vormund/Jugendamt

12. Woche:
- Hilfeplanung mit allen Beteiligten

Zusätzliche, zeitlich vorab nicht planbare, Termine sind:
- TBC-Untersuchung
- erkennungsdienstliche Erfassung durch die Polizei
- Termine mit der Schule
- Termine mit Vormunden
- Termine beim Familiengericht
- Anbahnungskontakte mit weiterführenden Projekten
- Termine beim Ausländeramt
- Termine zur Absprache mit dem Dolmetscherbüro

Manche Einrichtungen geben den Mitarbeitern eine Checkliste an die Hand, an der sie sich Schritt für Schritt orientieren können.

Aufgaben der sozialpädagigischen Fachkraft während des Clearings

(Haupt-)Aufgabe der Pädagogen ist es, quasi als Case-Manager[1] das Clearingverfahren zu koordinieren und zu begleiten. Er hat dafür Sorge zu tragen, dass alle vorgesehenen Schritte des Clearings erledigt werden und die entsprechenden Informationen und Fakten gesammelt, geordnet und dokumentiert werden. In aller Regel steht am Ende des Clearings eine begründete Empfehlung für weitere notwendige und sinnvolle Jugendhilfemaßnahmen. Parallel zu dieser eher formal-administrativen Aufgabe erfordert es die psychische Situation des unbegleiteten minderjährigen Flüchtlings, die drängenden emotionalen Bedürfnisse nach Sicherheit und Angstreduktion aufzugreifen. Im Kapitel „Vorläufige Inobhutnahme" wurde bereits darauf verwiesen, wie dringend die Ankommenden ein Beziehungs- und Bindungsangebot und Unterstützung in emotionalen Krisen benötigen. Im Rahmen der regulären Inobhutnahme sieht auch der Gesetzgeber diese Ziele vor. Welche konkreten Anforderungen auf die Mitarbeiter zukommen können und welche pädagogischen Interventionen denkbar sind, wird im Kapitel „Die Arbeit mit unbegleiteten minderjährigen Flüchtlingen unter verschiedenen Gesichtspunkten" beschrieben.

An dieser Stelle zunächst einige kurze Hinweise zu zielführenden Interventionen, die helfen können, die verunsicherten Jugendlichen emotional zu stabilisieren.

Ein in aller Regel angstmindernder Faktor ist es für den Jugendlichen, eine größtmögliche **Transparenz**, bezogen auf die Ziele, den Ablauf und die Inhalte des Clearings, herzustellen. Am ehesten gelingt so etwas über ein internes Bezugsbetreuersystem. Der/die persönliche Bezugsbetreuer/-in hat dann die Chance, den unbegleiteten minderjährigen Flüchtling bei möglichst vielen Terminen persönlich zu begleiten. Sicher ist das oft eine dienstplanmäßige Herkulesaufgabe, die sich jedoch für das Ziel, den Jugendlichen emotional zu stabilisieren, auszahlen kann.

---

[1] Ein Case-Manager ist eine Person, die alle notwendigen Tätigkeiten koordiniert.

Fragen, die ein Clearing für unbegleitete minderjährige Flüchtlinge beantworten sollte

Ist der unbegleitete Minderjährige körperlich und seelisch gesund?

Welche Therapien sind notwendig?

Welche schulischen Vorerfahrungen gibt es?

Wie sehen schulische/berufliche Perspektiven aus?

Wie alt ist der Flüchtling?

Wo kann der Jugendliche zukünftig leben?

Welche Sprachkenntnisse gibt es?

Welche Familienangehörigen gibt es?

Kann die Familie zusammengeführt werden?

Wie sieht der kurzfristige und langfristige Asylstatus aus?

Welche ersten Schritte zur Integration sind möglich und zielführend?

Nach ca. 12 Wochen soll der Clearingprozess abgeschlossen sein und ein entsprechender Bericht vorliegen. Dieser Bericht ist dann die Grundlage für das jetzt folgende **Hilfeplangespräch** (HPG). In diesem Hilfeplangespräch wird gemeinsam mit dem Jugendlichen und seinem Vormund entschieden, welche Jugendhilfemaßnahme jetzt zur Sicherung des Kindeswohls und unter Berücksichtigung der Ziele des Jugendlichen die geeignetste ist.

Infrage kommen hier z. B.: ein Verbleib in der Wohngruppe, die Vermittlung in eine Pflegefamilie, der Umzug in eine andere Jugendwohngemeinschaft oder verschiedene Modelle des „Betreuten Wohnens".

3.3.2   Das erste Aufnahmegespräch

Auch für das erste Aufnahmegespräch kann es zur Orientierung Checklisten geben. Hier das Beispiel einer Checkliste, die Mitarbeiter einer Einrichtung für den eigenen Gebrauch entwickelt haben.

Interner Leitfaden für ein Aufnahmegespräch

Dauer: 60 Minuten

Anwesende: diensthabender Betreuer, Dolmetscher, Jugendlicher

Inhalte:

1. Das Clearinghaus stellt sich vor

- Wer arbeitet hier?
- Was machen die beteiligten Personen (Betreuer, Hauswirtschaftskraft, Praktikanten etc.)?
- Welche Tages- und Wochenstruktur bestimmt den Alltag?
- Welche internen Freizeitangebote gibt es und welche Angebote von außen können besucht werden?
- Was ist die Aufgabe der Einrichtung? Erläuterung des Clearings
  - Dauer und Abfolge unterschiedlicher Termine und Themen wie Arzt und Psychologe etc.
  - Besprechung der Flucht. Ursachen, Fluchtwege, Dauer?
  - Wichtigkeit der Schule und des Deutschlernens
  - Arbeiten an weiterer Perspektive
  - Gespräch über die Familie
  - Information über die Zusammenarbeit mit anderen Institutionen
- Besprechen der Hausordnung
  - Gos/No-Gos – Dos und Don'ts
  - Wichtigkeit der Anwesenheit zu bestimmten Tages- und Nachtzeiten Konsequenzen bei Nichteinhaltung
  - Freie Religionsausübung

2. Der Jugendliche stellt sich vor. Fragen an den Jugendlichen

- Wo kommst du her? Was brachte dich nach Deutschland? Wie war dein Weg?
- Was möchtest du hier in Deutschland für dich oder auch für deine Familie?
- Wie geht es dir? Fühlst du dich gesund? Allergien? Besondere Erkrankungen?
- Wie geht es deiner Familie? Gibt es Kontakt oder nicht? Wie sieht dieser aus?
- Hast du Freunde/Bekannte/Verwandte in Deutschland? Hast du Kontakte an deinem vorherigen Aufenthaltsort oder auf der Flucht geknüpft, die du erhalten möchtest?
- Wie gut sprichst du andere Sprachen neben deiner Heimatsprache?

3. Frage- bzw. offene Gesprächsrunde

- Gibt es vonseiten des Jugendlichen weitere Fragen?
- Möchte der Jugendliche sonst noch etwas mitteilen?
- Haben wir etwas vergessen?

3.4   Vormundschaften

Wie in den vorangegangenen Kapiteln bereits erwähnt, benötigen minderjährige Flüchtlinge, die sich ohne Erziehungsberechtigte in Deutschland aufhalten, einen Vormund.

Die Vormundschaft wird im BGB in den §§ 1773 ff. geregelt. Zuständig ist das Amtsgericht am derzeitigen Aufenthaltsort des minderjährigen Flüchtlings. Es bestellt nach Absprache mit dem zuständigen Jugendamt einen Vormund. Dies kann eine Privatperson sein, ein Verein oder ein Mitarbeiter des Jugendamts (Amtsvormundschaft).

Auch wenn Vormunde in der Regel an der alltäglichen pädagogischen Arbeit kaum direkt beteiligt sind, kommt ihnen eine große Bedeutung im Leben der Flüchtlingskinder und Jugendlichen (ihrer sogenannten „Mündel") zu, denn sie sind zuständig für den rechtlichen Rahmen, in dem sich der Aufenthalt und die pädagogische Arbeit in den Wohngruppen bewegt.

Minderjährige Flüchtlinge brauchen einen gesetzlichen Vertreter, denn sie selbst dürfen z. B.
* keine Rechtsgeschäfte tätigen (z. B. Ausbildungsverträge abschließen, Zeugnisse unterschreiben),
* nicht in medizinische Untersuchungen und Behandlungen einwilligen (z. B. in eine Operation oder eine Psychotherapie),
* nicht selbstständig einen Asylantrag stellen,
* erzieherische Entscheidungen nicht selbst treffen und
* keinen Antrag auf Hilfe zur Erziehung nach § 27 SGB VIII stellen (z. B. die Aufnahme in eine Wohngruppe beantragen).

Der Vormund hat allein im Interesse seines Mündels zu handeln. Im Mittelpunkt steht das Kindeswohl.

Der Vormund nimmt also unterschiedlichste **Aufgaben** wahr. Unter anderem:
* ist er persönlicher Ansprechpartner für sein Mündel.
* hat er das Aufenthaltsbestimmungsrecht.
* prüft er die Möglichkeiten der Familienzusammenführung.
* stellt er den Antrag auf Hilfen zur Erziehung gemäß § 27 SGB VIII, um die angemessene Betreuung, Unterbringung, Bildung, sprachliche Unterstützung und Versorgung des Minderjährigen sicherzustellen.
* ist er für die Gesundheitssorge zuständig.
* ist er Vermittler zwischen dem unbegleiteten minderjährigen Flüchtling und den Institutionen, die an der Betreuung des Jugendlichen beteiligt sind.
* entwickelt er zusammen mit dem Jugendlichen Lebensperspektiven.
* trifft er die notwendigen Entscheidungen, berät und begleitet den Jugendlichen.
* vertritt er den Jugendlichen in asylverfahrensrechtlichen Angelegenheiten.
(Vgl. Portal Niedersachsen, o. J.)

In der Praxis veranlassen die meisten Vormunde für ihre Mündel die Unterbringung in entsprechenden Jugendhilfeeinrichtungen. Damit geben sie einen wesentlichen Teil der Erziehungsverantwortung an die dort tätigen Betreuerinnen und Betreuer ab. Diese kümmern sich dann um die sogenannten Dinge des alltäglichen Lebens.

Der Vormund übernimmt dann vor allem die Aufgabe, die Einrichtungen der Jugendhilfe und alle anderen Stellen, die mit dem Mündel zu tun haben, in ihrem Handeln zu überwachen und einzuschreiten, wenn etwas (nach seiner Wahrnehmung) nicht dem Wohl des jungen Menschen entspricht. Dazu muss er mit Betreuern, Lehrern und Jugendamtsmitarbeitern zusammenarbeiten und auf allen Seiten auf eine bestmögliche Unterstützung des Jugendlichen hinwirken.

Eine zentrale Aufgabe des Vormunds besteht darin, ein **ausländer- oder asylrechtliches Verfahren** auf den Weg zu bringen und zum Wohle des Minderjährigen zu begleiten.

So ist er zuständig für die Asylantragstellung oder die Beantragung eines anderen Aufenthaltsstatus.

Er begleitet, wenn möglich, den Mündel zur Anhörung, achtet gemeinsam mit den Betreuern darauf, dass keine Fristen versäumt und alle rechtlichen Möglichkeiten ausgeschöpft werden.

Der Vormund sollte auf jeden Fall einen Anwalt hinzuziehen, wenn er selbst nicht in der Lage ist, das gesamte Verfahren zu überblicken.

Grundsätzlich obliegt ihm auch die Sorge für das Vermögen des Mündels. In der Regel verfügen die jungen Flüchtlinge aber über kein nennenswertes Vermögen. Das Geld, das sie durch staatliche Unterstützung oder im Rahmen einer Ausbildung erhalten, wird meist von den Betreuern in der Jugendhilfeeinrichtung verwaltet. Die Vormunde müssen aber selbstverständlich überwachen, dass die Gelder ihrem Mündel auch wie vorgesehen zukommen.

Insgesamt kommen dem Vormund damit bedeutsame Aufgaben zum Wohle des Jugendlichen zu.

Eine Studie des Bundesverbands für unbegleitete minderjährige Flüchtlinge e. V. (2010) zeigt jedoch, dass die Realität nicht selten weit hinter dem formalen Anspruch zurückbleibt. Jugendliche berichten, dass sie die professionellen Vormunde oft monatelang nicht sehen. Manche sehen diese nur ein- bis zweimal im Jahr. Das liegt meist nicht an mangelnder Motivation oder fehlendem Engagement, sondern deutet auf die teils chronische Überlastung der professionellen Vormunde hin. Private Vormunde können oftmals mehr Zeit für ihre Mündel aufbringen.

Für manche finden die Kontakte im Wesentlichen bei den halbjährlichen Hilfeplangesprächen und aufenthaltsrechtlichen Fragen statt. Und auch da zeigt sich, dass die Vormunde sich sehr unterschiedlich einbringen. Während einige viel Interesse zeigen, halten andere sich eher zurück.

Am ehesten werden Vormunde bei den Jugendlichen mit dem Asylverfahren assoziiert. Dort ist der Vormund anwesend und kann den Jugendlichen unterstützen. In der Anhörung kann er Halt geben und Einfluss auf die Befragung des Jugendlichen nehmen, indem er die Position des Minderjährigen erläutert und bestärkt. Um diese Ziele Erfolg versprechend verfolgen zu können, ist eine gute Beziehung zwischen Vormund und Mündel eine wichtige Voraussetzung. Insbesondere sind Detailkenntnisse über die Lebensgeschichte des unbegleiteten minderjährigen Flüchtlings sowie über seine Wünsche und Ziele notwendig. Ob das – bei den knappen Zeitressourcen, die Vormunden für die Betreuung zur Verfügung stehen – regelmäßig gelingen kann, scheint fraglich.

Insgesamt beschreiben einige Jugendliche ihre Vormunde als durchaus engagiert und interessiert, häufig ist die Beziehung aber nicht so intensiv.

Die **Betreuer der Wohngruppen** sind die bedeutsameren Ansprechpartner für die Kinder und Jugendlichen. In der Alltagspraxis übernimmt dann oft ein Pädagoge Aufgaben, die formal der Vormund erfüllen sollte. Vor diesem Hintergrund ist eine zentrale Aufgabe der Mitarbeiter in den Wohngruppen, den Vormund bestmöglich bei seinem Amt zu unterstützen und ihn ggf. auf Versäumnisse oder notwendige Maßnahmen hinzuweisen. Eine gute Zusammenarbeit zwischen Vormund und Fachpersonal der Aufnahmeeinrichtung kann ein entscheidender Faktor für gelingende Entwicklung und Integration des jugendlichen Flüchtlings sein.

4 DIE PÄDAGOGISCHE ARBEIT MIT UNBEGLEITETEN MINDERJÄHRIGEN FLÜCHTLINGEN AUS VERSCHIEDENEN PERSPEKTIVEN

Betrachtet man die Konzepte sozialpädagogischer Einrichtungen, die mit unbegleiteten minderjährigen Flüchtlingen arbeiten, so lassen sich grob immer wieder zwei (Haupt-)Ziele erkennen. Zum einen zielt die Arbeit auf die **Integration der Jugendlichen in die Gesellschaft** ab, zum anderen wird angestrebt, die Jugendlichen bei der **Entwicklung und Umsetzung eigener Lebensentwürfe** zu unterstützen.

Dabei orientiert sich die Arbeit vom Grundsatz her zunächst an den allgemeinen Grundlagen sozialpädagogischen Handelns wie der individuellen Biografie, der subjektiven Lebenswelt der Jugendlichen, an ihren Bedürfnissen und Belastungen, an ihren Wünschen und Ressourcen sowie an den Erwartungen und Anforderungen der Gesellschaft.

Aus diesen allgemeinen Grundlagen sozialpädagogischer Arbeit sowie den genannten konzeptionellen Zielsetzungen aus der Arbeit mit unbegleiteten minderjährigen Flüchtlingen wurden für dieses Buch folgende Themenschwerpunkte abgeleitet:

- Identitätsentwicklung
- Befriedigung vs. Verletzung von Grundbedürfnissen
- Umgang mit traumatischen Erfahrungen
- Belastungen im Alltag der Jugendlichen
- Alltagsbewältigung

All diese Themen werden zunächst kurz erläutert und dann auf die pädagogische Arbeit mit der Zielgruppe der unbegleiteten minderjährigen Flüchtlinge bezogen. Vorab ist deutlich zu sagen, dass es natürlich nicht *die* unbegleiteten minderjährigen Flüchtlinge gibt. Es handelt sich keineswegs um eine homogene Gruppe. Vielmehr sind es Menschen aus unterschiedlichen Kulturen mit individuellen Lebensgeschichten und individuellen Bedürfnissen, Ressourcen und Zielen.

Gemeinsam ist ihnen allerdings, dass sie ihre Bezugspersonen verlassen mussten und mit hoher Wahrscheinlichkeit extrem belastenden Situationen auf ihrer Flucht ausgesetzt waren.

Diese Besonderheiten finden sich dementsprechend in der Behandlung jedes der o.g. Themen wieder. Auch bedingen sich die einzelnen beschriebenen thematischen Schwerpunkte untereinander. So können z.B. massive Verletzungen von Grundbedürfnissen zu Traumata führen, die dann u.a. im Alltag bewältigt werden müssen. Somit sind die Kapitel inhaltlich stark miteinander verwoben. Dennoch weist jedes Kapitel einen individuellen Schwerpunkt und einen spezifischen Blick auf die Problematik auf.

4.1   Identitätsentwicklung

4.1.1   Phasen der Identitätsentwicklung

Identitätsentwicklung gilt in unserer Gesellschaft als die zentrale Entwicklungsaufgabe im Jugendalter. Vereinfacht gesagt umfasst sie zwei Fragestellungen: „Wer bin ich?" und „Wer möchte ich einmal sein?" Es geht also um den aktuellen Zustand und Status sowie um zukünftige Wünsche, Ansprüche und Motive. Der Identitätsbegriff geht auf **Erik H. Erikson** zurück (vgl. Weißmann, 2016, S. 8).

Die kindliche Identität entfaltet sich Erikson zufolge im Spannungsfeld zwischen den Bedürfnissen des Kindes und den Anforderungen der sozialen Umwelt. Die Interaktion des Kindes mit seiner Umwelt ist somit zentral für seine Entwicklung.

Erikson spricht von Phasen der psychosozialen Entwicklung, die jeder Mensch durchläuft. Das Modell geht davon aus, dass jeder Mensch sich in Stufen entwickelt und jede Stufe ihre spezifischen Konflikte und Krisen hat. Jede Stufe, jedes Stadium ist durch eine jeweils typische Krise gekennzeichnet. Erikson beschreibt sie durch zwei Pole, zwischen denen der Mensch eine gesunde Balance entwickeln muss. Gelingt dies erfolgreich, ist die Voraussetzung gegeben, um auf die nächste Entwicklungsstufe überzugehen. Gelingt dies nicht, so führt dies (so Eriksons These) zu bleibenden Persönlichkeitsstörungen. Was als erfolgreich gilt, bestimmt die jeweilige Kultur, in der ein Mensch sich entwickelt.

Erikson benennt 8 Phasen. Die Phase der Identitätsentwicklung ist die 5. Phase. Sie baut auf den 4 vorhergehenden auf.

Eriksons Modell
Phase 1: Vertrauen vs. Ur-Misstrauen (1. Lebensjahr)
Hier geht es um die Entwicklung eines günstigen Verhältnisses zwischen Vertrauen und Misstrauen. Eine verlässliche Versorgung durch die Pflegeperson schafft Vertrauen. Daraus kann sich Selbstvertrauen entwickeln. Ein gewisses Maß an Misstrauen ist aber nützlich, um nicht vertrauenswürdigen Personen angemessen begegnen zu können.

Phase 2: Autonomie vs. Scham und Zweifel (ca. 2.–3. Lebensjahr)

Die Entwicklung der kindlichen Autonomie baut auf dem erworbenen Grundvertrauen auf. Grundlage ist das Vertrauen in die Bezugspersonen und in sich selbst, in das Gefühl, nach eigenem Willen handeln zu dürfen, ohne dass die grundlegende Geborgenheit in Gefahr gerät. Allerdings können die eigenen Ziele manchmal mit den vorgegebenen Regeln in Konflikt geraten. Das Kind muss lernen, Regeln einzuhalten, diese dürfen das Kind aber nicht zu sehr einengen. Zu starke Einengung könnten beim Kind Zweifel an seiner Handlungsfähigkeit hervorrufen.

Phase 3: Initiative vs. Schuldgefühl (Spielalter, ca. 4.–5. Lebensjahr)

In dieser Phase öffnet sich die enge Beziehung zwischen Mutter und Kind.

Das Kind kommt vermehrt in Kontakt mit anderen Kindern und mit Institutionen. Es verlangt in dieser Phase nach körperlicher und geistiger Weiterentwicklung. Wird keine Rücksicht auf dieses Bedürfnis genommen, kann ein Schuldgefühl in Bezug auf die neue Eigeninitiative entstehen. Gegebenenfalls verinnerlicht das Kind die Überzeugung, dass es selbst und seine Bedürfnisse dem Wesen nach schlecht seien. Wenn die Loslösung von der Mutter und die Einübung sozialer Rollen nicht gelingt, können die Entwicklung des Kindes gelähmt und sogar psychosomatische Krankheiten ausgelöst werden.

Phase 4: Werksinn vs. Minderwertig (Schulalter, ca. 6.–12. Lebensjahr)

In dieser Phase entwickelt das Kind den Drang zu eigener Produktivität. Es lernt, sich Anerkennung zu verschaffen, indem es etwas leistet, und entwickelt Lust, sich mit Eifer einer Aufgabe zuzuwenden (Werksinn).

Hat das Kind jedoch keinerlei Erfolg oder bekommt es keine Anerkennung, wird es in seiner Entwicklung zurückgeworfen, es verliert das Vertrauen in seine Fähigkeiten.

Phase 5: Identität vs. Identitätsdiffusion (Adoleszenz, ca. 11./12.–15./16. Lebensjahr)

Die Kindheit ist beendet mit der Entwicklung von produktiven Fertigkeiten. Hier beginnt nun die Jugendzeit, die Adoleszenz. Kennzeichen sind sexuelle und kognitive Reifung.

Es ist die Zeit des Experimentierens. Die Gesellschaft stellt Erwartungen an den Jugendlichen und er setzt sich kritisch damit auseinander. Dazu gehört, dass er sich mit Beruf, Sexualität, Partnerschaft und Politik beschäftigt. Der junge Mensch findet dabei seine Individualität und seine Rolle in der Gesellschaft. Er beginnt, Verantwortung zu übernehmen. Damit einhergehend entwickeln sich Gefühle wie Reue, Verwurzelung, Loyalität, Selbstachtung usw.

Um eine stabile Identität zu entwickeln, sind zwei Dinge wichtig: das Hinterfragen der Kindheitsidentifikationen und die kritische Auseinandersetzung mit Einflüssen aus Familie und Gesellschaft. Probleme in früheren Phasen führen oft dazu, dass das notwendige autonome Denken und Handeln nicht ausreichend ausgeprägt sind und diese Entwicklungsstufe nicht zufriedenstellend bewältigt werden kann.

Gelingt diese Phase, so folgt:

Phase 6: Intimität und Solidarität vs. Isolierung (junges Erwachsenenalter)
In dieser Phase gilt es, Solidarität aufzubauen, ohne die eigene Individualität dabei zu verlieren. Misslingt dies, besteht die Gefahr, sich einsam und isoliert zu fühlen.

Phase 7: Generativität vs. Stagnation (mittleres Erwachsenenalter)
Erikson versteht Generativität als das Bedürfnis, sich fortzupflanzen, neues Leben hervorzubringen und zu versorgen. Es geht auch darum, Kreativität und eigene Ideen und Selbstüberzeugungen zu entwickeln. Gelingt dies nicht, entsteht ein Gefühl der Stagnation, der Leere, des Infragestellens des eigenen Lebens.

Phase 8: Integrität vs. Verzweiflung (hohes Erwachsenenalter)
Im hohen Alter besteht die Aufgabe darin, sein Leben rückblickend anzunehmen und sich seine eigene Vergänglichkeit bewusst zu machen. Zu viel Grübeln und Unzufriedenheit führen hingegen zur Verzweiflung.

Marcias Konzept
Der Identitätsforscher **James Marcia** entwickelte Eriksons Thesen weiter. Er verfeinert und präzisiert die Entwicklungsstufe 5 – Identität vs. Identitätsdiffusion und macht sie wissenschaftlich überprüfbar. In der Entwicklung kann es seiner Theorie nach auch zu Rückschritten kommen.

Marcia beschreibt 4 Identitätsstati:

1. Identitätsdiffusion
Dieser Status ist dadurch gekennzeichnet, dass vom Jugendlichen bezüglich beruflicher, politischer, sexueller und weltanschaulicher Ideen und Pläne noch keine konkreten Entscheidungen gefällt und auch keine diesbezüglichen Anstrengungen unternommen werden. Dieser Status fällt meistens in die Zeit direkt vor bzw. zu Beginn der Adoleszenz.

2. Moratorium
Jugendliche in diesem Status sind aktiv auf der Suche. Sie experimentieren aktiv und erproben ihre Möglichkeiten. Zahlreiche persönliche und soziale Optionen (z. B. Geschlechterrollen, Weltanschauungen) werden ausprobiert.

3. Übernommene Identität
Bei Jugendlichen in diesem Status werden Modelle und Einstellungen von wichtigen Bezugspersonen übernommen. Es kommt zu keiner kritischen Auseinandersetzung mit den Modellen. Die Einstellungen werden aber (zumindest für den Moment) verbindlich übernommen. Der Prozess der Identitätsbildung wird vorzeitig abgeschlossen.

4. Erarbeitete Identität
Unter erarbeiteter Identität versteht man einen Zustand, in dem bereits viel erprobt wurde. Aufgrund dieser ausführlichen Suche kommt es dann zu Entscheidungen in allen relevanten Bereichen der persönlichen Identität.

Es sind **verschiedene Wege** zu einer erarbeiteten Identität denkbar:

1. Zu Beginn der Adoleszenz befindet man sich im Status der Identitätsdiffusion.
2. Beginnt die Identitätsbildung kann man zwei verschiedene Wege gehen. Eine Möglichkeit ist, man übernimmt die von der Familie und anderen relevanten Bezugspersonen gelebten Einstellungen und ist somit im Status der übernommenen Identität. Falls aus irgendeinem Grund das Wertesystem der übernommenen Identität aufgegeben wird, hat man die Möglichkeit, aktiv mit dem Finden von Alternativen zu beginnen und somit in das Moratorium überzugehen.
3. Man kann jedoch auch direkt in das Moratorium übergehen und aktiv beginnen, sich mit seiner Umwelt, deren Werten und Erwartungen sowie seinen eigenen Möglichkeiten und Ideen auseinanderzusetzen.
4. Geht man aus dem Moratorium mit einem Wertsystem hervor, das man gegenüber der Umwelt zukünftig vertreten kann und dem man sich verpflichtet fühlt, so hat man die Identitätskrise gelöst und befindet sich im Status der erarbeiteten Identität.

(Vgl. Langegger, 2007, S. 24 f.)

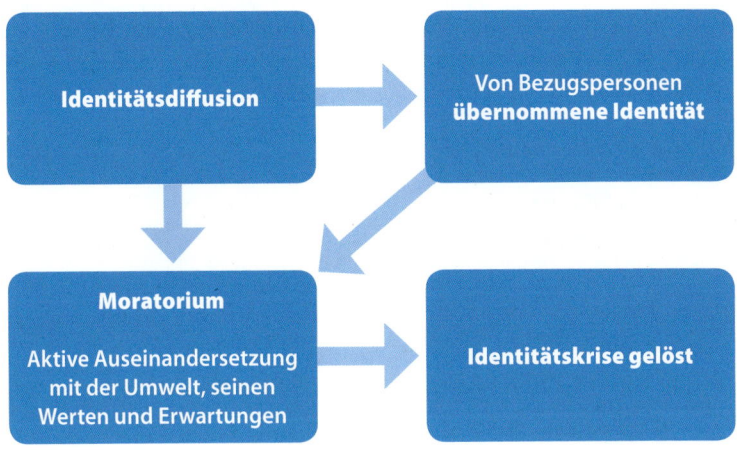

4.1.2 Identitätsentwicklung im kulturellen Zusammenhang

Identitätsentwicklung ist dabei immer im kulturellen Zusammenhang zu sehen, denn die eigenen Werte, Normen und Ziele entwickeln sich in der Auseinandersetzung mit der kulturellen Umwelt. Für jugendliche Flüchtlinge bedeutet das in der Regel eine Unterbrechung bzw. radikale Neuausrichtung einer schon begonnenen Identitätsfindung.

Jugendliche Flüchtlinge haben in ihren Herkunftsländern häufig ein Wertesystem kennengelernt, das von dem im Aufnahmeland mehrheitlich vertretenen abweicht. So kommen sie oft aus Kulturen, die tendenziell mehr auf Kollektivismus ausgelegt sind, während bei uns die Entwicklung von Individualismus eher verbreitet ist.

Eher **individualistisch geprägte Kulturen** zeichnen sich z. B. dadurch aus, dass die Personen sich mehr um sich selbst und unmittelbare Angehörige kümmern, während in eher kollektivistischen Kulturen auch die weitläufige Verwandtschaft und das weitere soziale Umfeld eine Rolle spielen. Das Ich-Bewusstsein ist in individualistischen Kulturen stärker als das Wir-Bewusstsein. In **kollektivistischen Kulturen** ist die Zugehörigkeit zu einer Gruppe und das harmonische Zusammenleben dagegen von großer Bedeutung (vgl. Weißmann, 2016, S. 45 f.).

Identitätsentwicklung bedeutet in individualistischen Kulturen wie der unseren daher vor allem die Entwicklung von Autonomie. Kollektivistische Kulturen, wie sie häufig in den Herkunftsländern der Migranten zu finden sind, sehen Identitätsentwicklung eher im engen Zusammenhang mit der Gemeinschaft.

Die Autonomieentwicklung der westlichen Kulturen erfolgt dementsprechend z. B. über eine Ablösung von den Eltern, über die Ausbildung einer eigenen sexuellen Orientierung und die Entwicklung eigener Lebensentwürfe. In kollektivistischeren Kulturen dagegen erhalten die Jugendlichen zwar auch Freiräume, die ihnen Selbstständigkeit und Selbstfindung ermöglichen sollen, jedoch immer unter Berücksichtigung der Verantwortung gegenüber Familie und Gruppe. Die Mädchen haben die Aufgabe, sich auf die Ehe vorzubereiten (vgl. Detemple, 2016, S. 30 f.).

Junge Geflüchtete sind also oftmals geprägt von einer Kultur, in der sie sich als Teil einer Familie und Gruppe fühlen, deren kulturelle und religiöse Wertvorstellungen sie teilen und an deren Praktiken sie sich orientieren.

In der Adoleszenz ist es, genau wie bei allen anderen Jugendlichen, der zentrale Entwicklungsschritt, sich mit den Werten und Normen ihrer Gesellschaft auseinanderzusetzen und idealerweise einen konstruktiven Weg zu finden, sich in diese Gesellschaft zu integrieren und sich einen Status zu erarbeiten.

Geflüchtete haben aber die ursprünglichen kulturellen Zusammenhänge verlassen, deren Werte und Normen sie kennen. Sie leben nicht mehr in der Gesellschaft, deren Möglichkeiten und Grenzen sie auf einer vertrauten Basis und unterstützt von ihren Eltern und der Familie erproben und in der sie ihre eigene Identität und Verantwortung entwickeln können.

Stattdessen sollen sie jetzt eine **„neue" Identität** in einer Kultur finden, die ihnen fremd ist. Sie sollen sich mit einem noch unvertrauten Wertesystem auseinandersetzen und ihre eigenen Verpflichtungen darin finden. Sie fühlen sich häufig desorientiert und fremd und werden auch von der Umwelt als fremd empfunden. Sie bekommen wenig soziale Anerkennung. Dabei ist es für die Identitätsbildung besonders wichtig, Anerkennung und Bestätigung zu finden. Ein Mangel an Anerkennung kann zum Hindernis für eine gelingende Persönlichkeitsentwicklung werden.

Umgang mit der neuen Kultur als Einflussfaktor auf die Identitätsentwicklung

Minderjährige Flüchtlinge stehen also in ihrer Identitätsentwicklung vor der Herausforderung, sich mit unserer Kultur, unseren Werten, Normen und Verhaltensweisen auseinanderzusetzen.

Dieser Prozess kann auf verschiedene Art und Weise verlaufen. Er ist u. a. von zwei zentralen Aspekten abhängig:

1. Inwiefern erachtet die Person es als wertvoll, das kulturelle Erbe des Herkunftslands aufrechtzuerhalten und sich mit dessen Werten und Normen auseinanderzusetzen? und
2. wie groß ist das Interesse an und der Kontakt mit der neuen Kultur?

Je nach Antwort auf diese Fragen lassen sich vier Strategien aufzeigen, mit denen der neuen Kultur begegnet wird:

- Separation,
- Assimilation,
- Integration und
- Marginalisierung.

Ist für einen Migranten vor allen Dingen die Aufrechterhaltung der Herkunftskultur von Belang, so verfolgt er eine Strategie der **Separation**. Das bedeutet, dass er die Traditionen des Herkunftslands aufrechterhält und den persönlichen Lebensstil an den Werten und Normen seines Heimatlands ausrichtet. Oft bilden diese Menschen gemeinsam mit anderen eine geschlossene ethnische Minderheit im Aufnahmeland. Sie isolieren sich als Gruppe.

Personen, die die Strategie der **Assimilation** verfolgen, verhalten sich genau konträr dazu. Sie zeigen kein Interesse an den Werten, Normen und Traditionen ihrer

Herkunftskultur. Vielmehr steht für sie der Kontakt mit der neuen Kultur und somit die Auseinandersetzung mit deren Werten und Erwartungen im Vordergrund.

Wählen Migranten die Strategie der **Integration**, so ist es ihnen wichtig, sowohl das kulturelle Erbe ihrer Herkunftskultur aufrechtzuerhalten als auch in Kontakt mit der Aufnahmekultur und ihren Werten und Traditionen zu kommen.

Personen, die weder Kontakt mit der Herkunfts- noch mit der aufnehmenden Kultur haben, können als **marginalisiert** beschrieben werden. Hier kann man allerdings nicht von einer klassischen Strategie sprechen, weil diese Form i. d. R. nicht freiwillig gewählt wird. Vielmehr tritt Marginalisierung dann auf, wenn der Einzelne in der neuen Gesellschaft nicht anerkannt ist und ihm gleichzeitig keine Kontakte und Identifikationsmöglichkeiten zum Herkunftsland zur Verfügung stehen, er also keiner Kultur mehr angehört (vgl. Weißmann, 2016, S. 49 ff.).

Weißmann (2016, S. 49 ff.) verweist auf verschiedene Studien, die aufzeigen, dass eine gelingende kulturelle Integration einen positiven Einfluss auf die Identitätsentwicklung hat.

Der aktuelle Forschungsstand zeigt demnach, dass Migranten am häufigsten die Strategie der Integration bevorzugen. Integration wird auch am stärksten mit psychischem Wohlbefinden assoziiert. Jugendliche, die eine Integrationsstrategie verfolgen, gliedern sich besser in das Bildungssystem ein, zeigen bessere schulische Leistungen und berichten deutlich weniger von Stress als Jugendliche, die andere Strategien verfolgen (vgl. a. a. O.). Eine innere Verbundenheit mit dem Herkunftsland, gepaart mit Handlungsstrategien im Umgang mit den Gepflogenheiten und Ansprüchen der Aufnahmekultur, scheint besonders förderlich für das psychische Wohlbefinden.

Andere Studien stellen heraus, dass Jugendliche, die sich nicht (mehr) an den Werten ihrer Herkunftsländer orientieren und ganz assimiliert sind, häufiger Risikoverhalten wie Alkohol- und Drogenmissbrauch zeigen und sich vergleichsweise häufig aggressiv verhalten.

Auch Separation und Marginalisierung scheinen vermehrt mit Alkohol- und Drogenmissbrauch einherzugehen. Separierte Personen erleben sich zudem häufig als diskriminiert.

Jugendliche, die die Auseinandersetzung mit ihrer Herkunft scheuen, zeigen häufiger die Merkmale einer Identitätsdiffusion. Das heißt, sie haben Zweifel an der eigenen Identität, sind unsicher, vielleicht orientierungslos.

Für den Erfolg auf dem Arbeitsmarkt scheint die Identifikation mit dem Aufnahmeland wichtig. Die Einbettung in die Herkunftskultur scheint hier keine Rolle zu spielen (vgl. a. a. O.).

Für eine gelungene Identitätsentwicklung scheint es aber notwendig zu sein, sich seiner Wurzeln zu vergewissern und sich dann dem Neuen zu öffnen.

Wohngruppe Rupert-Neudeck-Straße

Bezogen auf die Identitätsentwicklung stellt sich die Situation für die drei Bewohner der Gruppe unterschiedlich dar.

Salem, der 16-jährige Jugendliche aus Syrien, verfolgt offenbar die Strategie der Separation. Er fühlt sich den Werten und Traditionen seines Heimatlands stark verpflichtet, während er sich von deutschen Jugendlichen und deren Kultur fernhält. Dieses Verhalten kann darin begründet sein, dass er sich dem Auftrag seiner Familie verpflichtet und sich ihnen sehr verbunden fühlt. Die tradierten Werte und Rituale zu leben, bedeutet möglicherweise für ihn auch Verbundenheit mit den zurückgelassenen Familienmitgliedern und ein Stück Sicherheit in der neuen Umgebung. Es ist nicht auszuschließen, dass er es als Verrat an seiner zurückgelassenen Familie betrachtet, sich westeuropäischen kulturellen Regeln anzupassen.

Behält er unreflektiert seine Überzeugungen bei, so kann man von einem Verharren in einer übernommenen Identität sprechen. Für eine gelingende Identitätsentwicklung wäre es dagegen wichtig, seine bisherigen Normen und Werte in ihrem soziokulturellen Zusammenhang zu reflektieren und dann auch die Werte seiner neuen Umgebung für sich zu prüfen.

Ahmet fühlt sich seiner Herkunft und seinem Glauben durchaus verbunden. Er zeigt sich aber auch interessiert an Kontakten zu Deutschen. Im Sinne einer gelingenden Identitätsentwicklung und einer Integration ist die Verbindung beider Tendenzen, dem Bekenntnis zu seinen Wurzeln und dem Interesse an den neuen Gegebenheiten, zu begrüßen.

Amadou erlebt aktuell die Herausforderung, eine selbstbewusste Haltung zu seiner eigenen sexuellen Orientierung entwickeln zu müssen. Das erscheint besonders schwierig, weil die durch seine Religion tradierten Werte dem neuen Selbstbewusstsein als Homosexueller widersprechen. Seine Identitätsfindung wird dadurch erschwert.

4.1.3   Pädagogische Arbeit zur Unterstützung der Identitätsbildung

Als eine Methode, sich seiner eigenen Lebensgeschichte, seiner Wurzeln und seiner Identität bewusst zu werden, gilt die Biografiearbeit.

> Unter **Biografiearbeit** versteht man allgemein „eine strukturierte Form der Selbstreflexion in einem professionellen Setting, in dem an und mit der Biografie gearbeitet wird" (Miethe, 2011, S. 24).

Mit dieser Methode begleitet und unterstützt der Pädagoge den Jugendlichen, rückblickend seinen Lebensweg bis in die Gegenwart zu verfolgen und von diesem Standort aus eine Idee oder Zielsetzung für das zukünftige Leben zu entwickeln.

Dabei unterscheidet sich die Biografie vom Lebenslauf. So werden mit dem Begriff der Biografie nicht nur alle Daten und ihre zeitliche Abfolge erfasst, sondern zusätzlich auch die Bedeutungen, die den Ereignissen des Lebenslaufs gegeben werden. „In diesem Sinne umfasst eine Biografie immer mehr als ein Lebenslauf. Sie erfasst sowohl die biografischen Daten (Lebenslauf) als aber auch die Interpretation dieser Fakten" (a. a. O., S. 24).

In der Biografiearbeit wird auf verschiedene Methoden aus verschiedenen psychologischen und therapeutischen Traditionen zurückgegriffen, z. B. auf die Psychoanalyse, die humanistische Psychologie und die systemische Therapie.

Die Arbeit mit den persönlichen biographischen Erfahrungen stößt bei jungen Menschen oft auf großes Interesse. In der Arbeit mit traumatisierten Personen ist allerdings in jedem Fall das **Risiko einer Re-Traumatisierung** zu beachten. Viele Lebensereignisse sind in der Erinnerung mit intensivem emotionalem Erleben verbunden und können zu psychischen Krisen führen.

An dieser Stelle sollen zwei Methoden aus der Biografiearbeit (hier für die Arbeit in Gruppen) kurz dargestellt werden:

Die Narrative Landkarte

Zielsetzung:

Eine Basis für ein Gespräch über eine Lebensphase, über die Biografie, über Unterschiede in Biografien schaffen.

Ablauf:

Die Teilnehmenden werden gebeten, eine Skizze/Zeichnung anzufertigen, in der sie ihren Lebensraum zu einem bestimmten, vorgegebenen Zeitpunkt zeichnerisch darstellen. Es geht dabei nicht darum, die realen Gegebenheiten möglichst korrekt und vollständig wiederzugeben. Vielmehr soll das subjektive Erleben dargestellt werden, sodass Distanzen, Größen von Häusern etc. zum Teil sehr unterschiedlich proportioniert sein können.

Der Pädagoge kann dazu z. B. folgenden Impuls geben:

„Zeichne bitte einen Plan deines Lebensraums in deiner Heimat, als du ein Kind warst. Welche Orte waren wichtig? Welche Wege hast du zurückgelegt? Welche Personen waren an diesen Orten/auf diesen Wegen? Gab es geheime Orte? Gab es Orte, die du nur mit bestimmten Menschen geteilt hast?"

Die Skizzen stellen sich die Teilnehmenden in Kleingruppen gegenseitig vor. Hier hat jeder 10 Minuten Zeit, diese vorzustellen. Sowohl der Pädagoge als auch die anderen Teilnehmer können nachfragen. Solche biografisch orientierten Methoden erfordern vom Pädagogen, dass er:

- aktiv zuhört,
- Interesse bekundet,
- zum Erzählen anregt und ermutigt,
- nicht unterbricht und
- beim Erinnern hilft.

Unterstützende Fragen können sein:
- Welche Orte/Personen sind/waren für dich wichtig?
- In welcher Lebensphase waren sie besonders wichtig?
- Was verbindest du mit diesem Ort?
- Was war das Wichtige daran?
- Worin unterscheiden sich die Landkarten der einzelnen Gruppenmitglieder?

Mithilfe der letzten Frage kann auf Gemeinsamkeiten und Unterschiede hingewiesen und die Gründe dafür erarbeitet werden.

(Vgl. Behnken/Zinnecker, 2013, S. 547 ff.)

Lebenslinie

Zielsetzung:

Auseinandersetzung mit der eigenen Lebensgeschichte. Das eigene Leben im gesellschaftlichen Kontext verstehen.

Ablauf:

Jede/r Teilnehmende zeichnet sein Leben in Form eines Koordinatensystems auf ein Blatt Papier. Auf der waagerechten Linie (hier als Lebenslinie verstanden) werden individuell bedeutende Ereignisse eingetragen (freudige und schwierige Momente, Erkrankungen, einschneidende Erlebnisse etc.). Die Senkrechte markiert, wie positiv oder negativ das Ereignis erlebt wurde. Die Lebenslinie kann auch für die Zukunft weitergezeichnet werden, wenn es darum geht, Ziele und Perspektiven deutlich zu machen.

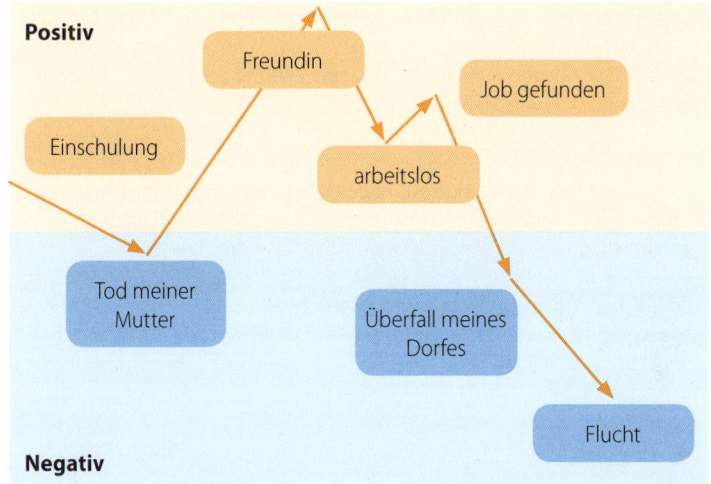

In Kleingruppen findet ein Austausch über die verschiedenen Lebenslinien statt.

Leitfragen können sein:

- Welche Ereignisse sind für mein Leben und das von anderen wichtig?
- Wo gibt es bedeutsame Unterschiede in den Lebenslinien?
- Was macht die besondere eigene Perspektive aus und gibt es dafür Gründe in den Biografien?
- Welche Differenzen zwischen den Biografien werden sichtbar?

(Vgl. DGB Bildungswerk Thüringen, 2008)

4.1.4 Doppelidentität

Eine besondere Situation hinsichtlich der Identitätsentwicklung von unbegleiteten minderjährigen Flüchtlingen ist die Tatsache, dass manche Jugendliche eine sogenannte „Doppelidentität" führen. Das bedeutet, dass sie in ihren Ausweisen eine andere Identität angeben, als sie eigentlich haben, oder dass sie sich Lebensgeschichten konstruieren, die nicht den realen Erfahrungen entsprechen.

Im Alltag erkennt man dann manchmal **Widersprüche** zwischen den offiziellen Angaben der Person und ihren Verhaltensweisen. Zuweilen scheinen bestimmte Verhaltensweisen oder der Freundeskreis des Flüchtlings nicht dem angegebenen Alter entsprechend, manchmal widersprechen sich Angaben zum Lebenslauf, oder es gibt andere Ungereimtheiten. Kommen mehrere dieser Faktoren zusammen, kann das ein Hinweis darauf sein, dass der Flüchtling mit einer Doppelidentität lebt.

Sich **„falsche Papiere"** zu besorgen oder vorzugeben, keine zu besitzen, hat nachvollziehbare Gründe. Wie im Kapitel „Rechtliche Rahmung" schon dargestellt, genießen jugendliche Flüchtlinge einen größeren Schutz als erwachsene. Aus diesem Grund versuchen manche, sich als minderjährig auszuweisen, obwohl sie rechtlich eigentlich erwachsen sind.

Zudem haben Flüchtlinge aus einigen Staaten gute Chancen ein Bleiberecht zu bekommen, während Flüchtende aus anderen Staaten häufig abgeschoben werden. Entsprechend versuchen manche, eine Staatsangehörigkeit mit Chancen auf Bleiberecht vorzugeben, obwohl sie eigentlich eine andere besitzen.

Auch die **Konstruktion von Lebensgeschichten** ist i. d. R. darin begründet, dass manche Erfahrungen als Fluchtgrund anerkannt werden, sodass solche Erfahrungen in die Scheinbiografie aufgenommen werden.

Die Doppelidentität dient also dem Versuch, im Aufnahmeland verbleiben zu können. Juristisch ist das eine Straftat, weil es sich um eine Falschbeurkundung handelt.

Es hat aber auch Auswirkungen auf die gesunde Entwicklung einer Identität sowie auf die pädagogische Beziehungsgestaltung in der Jugendhilfe.

Durch die Konstruktion einer falschen Identität besitzt der junge Flüchtling schließlich zwei Identitäten, nach außen hin die falsche Identität (2. Identität) und nach innen die Identität des Selbst (1. Identität).

Wie oben dargestellt, ist im Prozess der Entwicklung der Identität in der Adoleszenz die Rückmeldung aus der Umwelt bedeutsam. Diese Rückmeldung erfolgt in einem solchen Fall aber auf seine falsche Identität hin, nicht oder nur teilweise auf seine eigentliche. Von der darf der junge Flüchtling ja nur wenig preisgeben. Er muss genau kontrollieren, was er von seinem inneren Selbst weitergibt. Daher bleibt dieser Teil auch weitgehend ohne Rückmeldungen.

Vor diesem Hintergrund ist es nicht verwunderlich, dass Personen mit doppelter Identität vermehrt davon betroffen sind, psychopathologische Störungen in unterschiedlichem Ausmaß zu entwickeln. Im Alltag kann sich dies nach außen z. B. durch erhöhte Reizbarkeit, Aggressivität oder Abschottung bemerkbar machen. Nach innen zeigt es sich z. B. durch körperliche Schmerzen wie Kopfschmerzen, Magengeschwüre, Hautallergien, bis hin zu Depressionen oder Formen schizophrenen Erlebens (vgl. Zenk, 1999, S. 398).

Für die Betreuungspersonen in der sozialpädagogischen Einrichtung stellt sich die Frage, wie mit dieser Doppelidentität umzugehen ist, damit der junge Flüchtling einen Bezug zu seiner ersten Identität erhalten und diese weiterentwickeln kann.

Nach Zenk (1999) ist davon abzuraten, den Jugendlichen damit zu konfrontieren, dass er vermutlich eine fiktive Identität vorgibt. Denn wird die zweite, die erfundene Identität nicht akzeptiert, könnte der Flüchtling sich bedroht fühlen und zurückziehen.

Es kann zu Misstrauen des jungen Menschen gegenüber den Mitarbeitern der Jugendhilfeeinrichtungen kommen. Dies kann zu Isolationstendenzen führen und die Grundlage für die Beziehungsarbeit zerstören.

Wird die erste Identität aber hinter der falschen zweiten gar nicht gesehen und anerkannt, kann es passieren, dass die erste Identität keine Chance hat, sich weiterzuentwickeln.

Um eine vertrauensvolle Beziehung zum Jugendlichen aufbauen zu können und damit eine Voraussetzung für ein effektives und gelingendes Arbeiten zu schaffen, muss also ein Kompromiss in der Interaktion mit beiden Identitäten gefunden werden.

> Zenk hat ein Modell entwickelt, wie Betreuende auf die Doppelidentität reagieren können:
>
> Sie akzeptieren beide Identitäten des jungen Geflüchteten, ohne den Anspruch zu erheben, möglichst genau über die beiden Identitäten Bescheid wissen zu müssen. In indirekter Kommunikation transportieren sie dann die Inhalte, die auf direktem Wege konfrontierend für den jungen Flüchtling wären und ggf. Abwehr hervorrufen würde.
>
> So kann man z. B. einer Person, die sich als jugendlich ausgibt, vermutlich aber älter ist, sagen: „Du verhältst dich in vielen Dingen schon so erwachsen, da können wir dir auch schon andere Freiheiten lassen als den anderen hier."

Solche Signale erfüllen also die Funktion, die „echte" Identität zu erreichen und sie auf dem Weg über die zweite Identität anzusprechen.

Bei der Argumentation von Zenk bleibt aber offen, inwieweit die zweite Identität die erste verändert. Aus Forschungen wissen wir, dass man Erinnerungen manipulieren kann. So hat man z. B. Versuchspersonen in Tests erfundene Geschichten über ihre Vergangenheit erzählt. Später gaben diese Personen an, sich an diese Begebenheiten erinnern zu können (vgl. Loftus, 1998). Obwohl diese Geschichten frei erfunden waren, hat das Gehirn sie als Realität abgespeichert. „Die Studie beweist, dass man Menschen dazu bringen kann, sich ihrer Vergangenheit unterschiedlich zu entsinnen – und dass sie sich sogar verleiten lassen, komplette fiktive Ereignisse in ihr Gedächtnis aufzunehmen, als wären sie wirklich geschehen" (a. a. O.).

Wenn man nun bedenkt, dass Personen mit einer doppelten Identität ständig von ihrer zweiten berichten, diese auf Nachfragen vielleicht detailliert ausschmücken und nach außen immer wieder als Realität darstellen müssen, liegt die Frage nahe, ob das Gehirn dies nicht auch irgendwann als „so geschehen" abspeichert. Und alles, was geschieht und im Gehirn abgespeichert wird, hat Einfluss auf unsere Wahrnehmung und damit auf die Entwicklung unseres Selbst, unserer Identität.

Wohngruppe Rupert-Neudeck-Straße

Die Betreuer der Wohngruppe haben den Eindruck, dass Ahmet, der (nach eigenen Angaben) 17- jährige Algerier, eine Doppelidentität führt. Sie halten es für möglich, dass er bereits im Erwachsenenalter ist. Seine widersprüchlichen Aussagen zu Alter und Schulzeiten deuten ebenso darauf hin wie sein grundsätzlich reifes Verhalten und seine Freundschaften mit deutlich älteren Personen.

Als offiziell Minderjähriger und Mitglied einer Wohngruppe von Minderjährigen unterliegt Ahmet natürlich diversen Reglementierungen, die für Minderjährige per Gesetz gelten und damit fixe Rahmenbedingungen für die pädagogische Arbeit darstellen.

Im Sinne einer gesunden Identitätsentwicklung wäre es aber auch ein entwicklungspsychologischer Auftrag, der mutmaßlichen ersten Identität gerecht zu werden.

Aus dieser Sicht heraus wäre daher zu prüfen, wo Gesetze und Gruppenregeln einen Spielraum zulassen, ihn als Erwachsenen zu behandeln. Vielleicht ist auch ein Übergang in betreutes Wohnen möglich. Bei dieser Wohnform würde er in einer eigenen Wohnung leben, was seinem reifen Verhalten mehr entspricht.

Da er selbst den Wunsch äußert, die Gruppe zu verlassen, ist dieser Schritt zu überprüfen.

4.2 Verletzte Grundbedürfnisse – eine Herausforderung für die Gestaltung der pädagogischen Arbeit

4.2.1 Psychische Grundbedürfnisse

In der Fachdiskussion ist die Meinung weit verbreitet, dass der Mensch als biologisches und psychisches Wesen wesentlich von seinen Bedürfnissen geleitet ist.

Auf biologischer Ebene können Hunger, Durst sowie das Grundbedürfnis nach Schlaf als zentrale Bedürfnisse des Menschen angenommen werden.

Auch die Psychologie befasst sich vielfach mit der Bedeutung menschlicher Grundbedürfnisse und betrachtet dabei die psychische Ebene.

Die Theorie von **Klaus Grawe**, psychologischer Psychotherapeut und Konsistenztheoretiker (siehe Kasten), findet in diesem Zusammenhang weite Zustimmung.

> Im Zentrum der **Konsistenztheorie** steht die Frage, aus welchen Gründen Menschen so handeln, wie sie es tun, was sie innerlich bewegt, was sie sowohl bewusst als auch unbewusst anstreben und was sie zu meiden versuchen. Es geht darum, zu erforschen, aus welchen persönlichen Motiven ein Mensch so handelt, wie er es tut. Die Konsistenztheorie geht davon aus, dass der Mensch nach Übereinstimmung zwischen seinem Wissen, seinen Gefühlen und seinem Verhalten strebt.

Grawe geht davon aus, dass jeder Mensch bestimmte Grundbedürfnisse hat, deren Befriedigung er anstrebt. Diese sind: das Bedürfnis nach Bindung, nach Kontrolle, Orientierung und Selbstbestimmung, nach Selbstwerterhalt bzw. -erhöhung und Lustgewinn bzw. Unlustvermeidung. Die Bedürfnisse stehen in keiner hierarchischen Struktur, sondern stehen gleichwertig nebeneinander. Sind die Bedürfnisse nicht befriedigt, so handeln die Menschen so, dass diese Befriedigung erfahren oder zumindest nicht weiter verletzt werden.

Das Bedürfnis nach Bindung

Hiermit ist das Bedürfnis des Menschen nach Mitmenschen, nach Nähe zu einer Bezugsperson gemeint. Grawe bezieht sich dabei auf die Arbeit von Bowlby (1969), der ein grundlegendes Bedürfnis des Menschen nach Bindung formuliert. Demzufolge braucht der Mensch eine enge emotionale Bindung als „sicheren Hafen". Die emotionale Bindung eines Menschen an eine Bindungsperson ist dadurch gekennzeichnet, dass sie ein fühlbares emotionales Band ist, das eine Person zu einer anderen Person knüpft und das diese zwei Menschen sehr spezifisch miteinander verbindet. Diese Bindung ist für das Überleben eines Menschen so grundlegend wie etwa die Luft zum Atmen, Ernährung, Schlaf. Wenn ein Säugling oder ein Kind oder auch ein Erwachsener nicht ausreichend emotional durch zwischenmenschliche Beziehungen versorgt wird, so kann dieses psychische und sogar körperliche Auswirkungen (z. B. Minderwuchs) haben.

Ein sicheres Bindungsmuster kann dagegen ein wichtiger Schutzfaktor sein und die Verarbeitung von kritischen Lebensereignissen erleichtern. Sicher gebundene Menschen haben z. B. bessere Chancen, traumatische Erlebnisse zu bewältigen.

Bindungsmuster sind jedoch veränderbar. Eine sichere Bindung kann durch ungünstige Umstände verloren gehen. Gerade nach bindungsrelevanten Ereignissen, wie etwa bei einem Verlust der Eltern, kann es sein, dass ein zuvor sicher gebundenes Kind ein unsicheres Bindungsmuster entwickelt, insbesondere wenn keine anderen Bezugspersonen oder Ansprechpartner zur Verfügung stehen.

Das Bedürfnis nach Kontrolle/Orientierung/Selbstbestimmung

Menschen wollen die Welt, in der sie leben, verstehen, sie vorhersehen und auch beeinflussen können. Daher haben sie ein Bedürfnis nach Orientierung und Kontrolle ihrer Lebenssituation. Niemand möchte ein Opfer unverständlicher, unkontrollierbarer und nicht beeinflussbarer äußerer Einflüsse sein. Hat ein Mensch das Gefühl, seine Welt nicht mehr zu verstehen oder beeinflussen zu können, kann sich Hilflosigkeit und ein Ohnmachtsgefühl breitmachen. Untersuchungen zeigen, dass Verletzungen des Kontrollbedürfnisses die psychische Gesundheit eines Menschen stark gefährden. Macht ein Mensch die Erfahrung, die Kontrolle über sein Leben zu verlieren, so kann dies zu akuten Belastungsreaktionen, Anpassungsstörungen oder sogar zu einer posttraumatischen Belastungsstörung führen. (Vgl. Borg-Laufs, 2012)

Das Bedürfnis nach Selbstwerterhöhung

Menschen möchten von sich selber glauben, dass sie so, wie sie sind, gut und in Ordnung sind. Dieses Gefühl entsteht, wenn es dem Menschen gelingt, so zu leben, dass es seinen eigenen Werten entspricht. Häufig kommt auch die positive Rückmeldung durch andere oder der zufriedenstellende Vergleich mit anderen hinzu. Ein positives Selbstbild ist hilfreich, um im Alltag zu bestehen. Menschen mit positivem Selbstbild beschäftigen sich intuitiv viel mit Situationen, in denen sie sich selbst als kompetent erlebt haben. So bestätigen sie ihr positives Selbstbild und gehen positiv an die Bewältigung weiterer Aufgaben im Leben.

Eine in vielen Bereichen eher negative Selbsteinschätzung hingegen kann zu vielfältigen Problemen führen. In der Literatur werden u. a.:
- defensives Verhalten,
- eine pessimistischere Bewertung alltäglichen Geschehens,
- das Gefühl, wertlos zu sein,
- Selbstverachtung, depressive Neigung und
- Beziehungsprobleme
- genannt (vgl. z. B. Groß, 1998; Scheibe, 2015).

Häufig wird auch ein geringes Selbstwertgefühl mit erhöhter Aggressivität in Verbindung gebracht. Die Studien hierzu sind allerdings nicht eindeutig (vgl. Wahl, 2013, S. 80 f.).

Das Bedürfnis nach Lustgewinn und Unlustvermeidung

Dieses Grundbedürfnis zeigt sich im Bestreben, erfreuliche und lustvolle Erfahrungen herbeizuführen und schmerzhafte, unangenehme Erfahrungen zu vermeiden.

Menschen bewerten die Situationen, in denen sie sich befinden, und die Erfahrungen, die sie machen, ständig und häufig unbewusst. Sie bewerten die Erfahrungen als „gut" (= angenehm) oder „schlecht" (= unangenehm).

Die guten und angenehm empfundenen versuchen sie zu vermehren (Lustgewinn), die unangenehmen und schlechten eher zu vermeiden oder zu minimieren (Unlustvermeidung). Ob eine Erfahrung, ein Zustand als eher schlecht oder eher anstrebenswert betrachtet wird, ist von Mensch zu Mensch unterschiedlich. So ist es z. B. für die einen ein Lustgewinn, in den Bergen zu wandern, für andere ist das ein wenig erstrebenswertes Ziel.

4.2.2   Verletzte Grundbedürfnisse und Konsequenzen für die pädagogische Arbeit

Unbegleitete minderjährige Flüchtlinge sind häufig über einen langen Zeitraum Lebensbedingungen ausgesetzt, in denen ihre zentralen (körperlichen und psychischen) **Grundbedürfnisse nachhaltig frustriert** werden. So kann es passieren, dass Flüchtlinge nicht ausreichend mit Nahrung versorgt sind und fürchten, zu verhungern. Menschen entwickeln in solchen Situationen Handlungsstrategien, die ihnen helfen sollen, ihre Bedürfnisse zumindest in Teilen zu befriedigen. Im Beispiel der Angst, zu verhungern, könnte das Individuum sich entscheiden, Lebensmittel zu stehlen. Das wäre dann ein Muster, das in anderen Kontexten höchst problematische Auswirkungen haben kann. Vor dem Hintergrund seiner Lebenserfahrungen zeigt ein Individuum also dann im Alltag manchmal Verhaltensweisen, die seinen Mitmenschen unangemessen und befremdlich erscheinen und auch ihnen selbst nicht immer verständlich sind. Häufig handelt es sich hier um eher irritierende, aggressive Reaktionsmuster.

Für solche Verhaltensweisen gibt es also eine **plausible Erklärung**: Es kann sein, dass dieses Verhaltensmuster in der Vergangenheit unter den damals herrschenden Bedingungen vielleicht überlebenswichtig war. Die Handlungen erschienen – aus subjektiver Sicht – „not-wendig"! (= Sie sollten die Not wenden.) Deshalb wurde das Verhalten immer wieder gezeigt und hat sich dabei sehr fest eingeprägt.

Inzwischen haben sich die äußeren Rahmenbedingungen aber geändert, eine akute Notsituation besteht nicht mehr. Die alten Verhaltensweisen sind jedoch so fest verankert, dass sie sich weiter zeigen, obwohl sie in der neuen Situation gar nicht mehr notwendig und sinnvoll sind.

So waren z. B. Misstrauen und extreme Zurückhaltung auf der Flucht **überlebenssichernde Strategien**. Damit verbunden war vielleicht das Gefühl, der Situation und den Schleppern ohnmächtig ausgeliefert zu sein (mangelnde

Selbstwirksamkeits- und Kontrollerfahrungen). In Deutschland angekommen, halten die Flüchtlinge dann vielleicht an diesen Handlungsmustern und Kommunikationsmustern fest, weil sich diese im Heimatland und auf der Flucht bewährt haben.

Es kann dann z. B. passieren, dass die Jugendlichen den pädagogischen Mitarbeitern in der Wohngruppe permanent mit Misstrauen begegnen, obwohl dies in der neuen Situation gar nicht mehr angebracht ist. Vielleicht wird auch in scheinbar unverfänglichen Situationen die Unwahrheit erzählt, vielleicht ruft es einen Aggressionsausbruch hervor, wenn die Pädagogen das Einhalten einer Hausregel einfordern. Die Ursache dafür liegt ggf. in den Erfahrungen der Vergangenheit. Da kann es wichtig gewesen sein, nicht die Wahrheit preiszugeben. Da kann das Einhalten von Regeln so zwingend und entwürdigend gewesen sein, dass mit jeder neuen Regel wieder Wut hochkommt. Die aktuellen Handlungsweisen haben also einen nachvollziehbaren Grund.

Pädagogische Arbeit bedeutet daher auch, zunächst nach dem **subjektiven Motiv für eine Handlung** zu suchen. Dieses Motiv erklärt sich meist sehr plausibel über die (verletzten) Grundbedürfnisse des Handelnden. Wenn das gefunden ist, lässt sich dieses Handeln verstehen und einordnen. Erkennt man an, dass es diesen nachvollziehbaren Grund gibt, kann man ihn wertschätzen und gemeinsam nach angemesseneren Lösungswegen suchen.

Verletztes Bindungsbedürfnis

Ein zentrales Grundbedürfnis, das bei fast allen unbegleiteten minderjährigen Flüchtlingen über einen langen Zeitraum mangelhaft oder gar nicht befriedigt werden konnte, ist das Bedürfnis nach Bindung.

So ist ihre Lebensgeschichte häufig von drastischen Bindungsabbrüchen gekennzeichnet. Vielleicht haben sie bereits im Heimatland enge Bezugspersonen verloren oder zurücklassen müssen. Die gesamte Einbindung in das soziale Netz der Familie und des Freundeskreises wurde abrupt abgebrochen. Anders als Auswanderer, die sich ausgiebig und in aller Öffentlichkeit von den Menschen, die ihnen wichtig sind, verabschieden können, ist eine Flucht oft heimlich, ohne große Ankündigung und ohne große Verabschiedung notwendig.

Andere verlieren unter dramatischen Umständen unterwegs ihre Bindungspersonen. Sie bekommen mit, dass diese sterben oder sie werden getrennt und verlieren sich aus den Augen.

Angekommen in Einrichtungen der Jugendhilfe oder Pflegefamilien brauchen die Kinder und Jugendlichen dann einen „sicheren Ort", an dem sie neue Bindungs- und Beziehungserfahrungen machen können.

Vor dem Hintergrund der oben beschriebenen biografischen Erfahrungen stellt die Frage nach solch einem **Bindungs- bzw. Beziehungsangebot** eine sehr spezifische Herausforderung dar.

Allgemein kann über ein Beziehungsangebot gesagt werden, dass es ein:
- sicheres und verlässliches,
- möglichst langfristiges,
- unterstützendes und strukturgebendes,
- wohlwollend-liebevolles und
- Krisen aushalten könnendes

Angebot sein sollte.

Das Bindungsbedürfnis dieser Kinder und Jugendlichen ist aber nicht mit einem Bindungsbedürfnis gleichzusetzen, wie kleine Kinder es haben. Zwar benötigen sie z. T. auch die Versorgung nie erfüllter frühkindlicher Bedürfnisse, aber es darf nicht vergessen werden, dass diese jungen Menschen in anderen Entwicklungsbereichen bereits sehr reif sind. Die neuen Beziehungen müssen also sehr flexibel sein und entsprechend auf die unterschiedlichen Reifegrade jedes jungen Menschen reagieren. Voraussetzung dafür ist, dass die pädagogische Fachkraft möglichst viel über das Leben der Kinder und Jugendlichen und die damit verbundenen Nöte und Hoffnungen erfährt.

Bindung aufbauen heißt also in diesem Kontext, in einem ersten Schritt zu schauen, welche Bedürfnisse die Minderjährigen mit Fluchterfahrung haben und dann ein entsprechendes Beziehungsangebot zu machen. Hinderlich im Beziehungsaufbau kann es sein, wenn ein junger Geflüchteter hier mit einer Doppelidentität lebt. Er muss sich dann immer wieder fragen, wie viel Nähe, wie viel Bindung er zulassen kann, ohne dass seine zweite Identität dabei durchschaut wird.

Neben allen individuellen, bindungsspezifischen Bedürfnissen, die die Kinder und Jugendlichen haben, gibt es einige, die vermutlich bei allen anzutreffen sind:

Das Bindungsbedürfnis wird vor allem aktiviert, wenn ein Mangel an Schutz, Versorgung und an Nähe erlebt wird (vgl. Mogk, 2016, S. 56).

Schutz
Zum Schutz sind **sichere Orte** zu gewährleisten.

Der Begriff „sicherer Ort" kann wörtlich und im übertragenen Sinne bedeutsam sein. Es sollte ein Ort sein:

- an dem man sich wohlfühlen kann, der gemütlich, behaglich, gepflegt, freundlich ist. Es sollte ein Ort sein, an dem man sich gerne aufhält, der liebevoll gestaltet ist. Alles, was an Gewalt und Zerstörung erinnert, sollte vermieden werden. Kaputte Gegenstände z. B. sollten schnell repariert werden.

Die gemütliche Sitzecke im Wohnzimmer

- der über Zimmer für die Bewohner verfügt, die diese abschließen können und zu denen nur die Erzieher einen Schlüssel haben. Es muss klare Regeln geben, dass andere Jugendliche und auch die pädagogischen Fachkräfte anklopfen, bevor sie ins Zimmer kommen. Auch die Mitarbeiter der Einrichtung sollten das Zimmer eines Kindes/Jugendlichen möglichst nicht ohne den Jugendlichen bzw. ohne seine ausdrückliche Erlaubnis betreten. Auf diese Weise werden Übergriffe in die Privatsphäre verhindert. Für Menschen, die den feindlichen Übergriffen anderer ausgesetzt waren, ist dies besonders wichtig.
- der die Möglichkeit bietet für Gestaltung der Zimmer der Kinder und Jugendlichen mit ihnen zusammen, möglichst nach ihren Vorstellungen

Das eigene Zimmer kann nach den persönlichen Vorstellungen gestaltet werden

- der ggf. abschließbare Wäschekeller hat, sodass auch der Besitz, hier also die Kleidung, vor Diebstahl geschützt ist.
- der abschließbare Haustüren und eine Klingel hat, sodass keine unerwünschten Personen plötzlich in der Wohnung sind. So wird nicht nur das eigene Zimmer geschützt, sondern das Haus als Ganzes ist ein geschützter, privater Bereich.
- der Platz für Gemeinschaft bietet, zum gemeinsamen Essen, für das Zusammensein. Es soll auch ein Ort sein, an dem man sich mit anderen zusammensetzen kann, die die gleiche Sprache sprechen und vielleicht ähnliche Erfahrungen machen mussten wie sie selbst. In manchen Einrichtungen finden sich daher z. B. Schriftzüge, die die Bewohner in verschiedenen Sprachen begrüßen. Auch Gebrauchsgegenstände aus verschiedenen Kulturen (z. B. ein Samowar) sind z. T. üblich. Manche pädagogische Fachkraft bemüht sich auch, ein paar Worte wie „Guten Tag", „Auf Wiedersehen" oder „Danke" in den Sprachen der Jugendlichen zu lernen. Die Jugendlichen treffen also auf Bekanntes und Geliebtes. So kann ein Gefühl von Sicherheit unterstützt werden.
- der Raum für ungestörte Gespräche, z. B. mit Erziehern, bietet und Rückzug ermöglicht.
- der verlässliche Strukturen wie z. B. feste Essenszeiten, feste Rituale, klare Regeln hat. Die Jugendlichen dürfen dabei aber nicht das Gefühl haben, den Regeln ohnmächtig ausgeliefert zu sein.

- der ggf. Uhren hat, die die aktuelle Zeit anzeigen.
- mit transparenten Strukturen wie z.B. Einblick in Dienstpläne der Mitarbeiter, um zu wissen, wer wann ansprechbar ist.
- mit Fotos von Mitarbeitern, um zu sehen, welche Personen den Kindern/Jugendlichen begegnen werden.
- mit Ausschilderungen von Wohn- und Schlafräumen.

Der Besprechungsraum bietet Ruhe für Gespräche

Ein sicherer Ort sollte aber auch in Form **Sicherheit gebender Personen** gegeben sein.

Dieser *personale sichere Ort* meint eine Person oder eine Gruppe, bei der der Minderjährige sich sicher und geborgen fühlt. Er oder sie ist die Person (oder Gruppe), die in besonderem Maße **Nähe** bietet.

Nähe und Geborgenheit sind, wie alle Gefühle, schwer zu beschreiben, aber leicht zu spüren. Das Gefühl von Geborgenheit beschreibt ein Verhältnis zwischen einer Person und ihrem nahen Lebensraum. Das Wort Geborgenheit kommt von „Burg". In der Burg waren die Menschen geschützt vor den Angriffen ihrer Feinde. Sie gab ihnen Sicherheit. Geborgenheit hat deshalb in erster Linie etwas mit Schutz vor Gefahren und Bedrohungen und vor Verletzungen zu tun (vgl. Baer/Frick-Baer, 2016, S. 89). In der Nähe dieses Menschen oder dieser Gruppe oder aber auch an einem bestimmten Ort fühlt man sich geborgen. „Wenn wir traumatisierte Flüchtlinge, die sich schon länger in Deutschland aufhalten, fragen, was sie brauchen oder gebraucht hätten, dann begegnen wir oft dem Wunsch nach mehr Geborgenheit. Ganz gleich, welche Worte und welche Sprache dafür gewählt werden, immer wieder geht es ihnen darum. Danach sehnen sie sich und es klingt Stolz und Freude durch, wenn sie sich gegenwärtig zumindest manchmal geborgen fühlen können" (a.a.O.).

Die Unsicherheit, ob die Kinder und Jugendlichen in Deutschland bleiben dürfen oder ob sie wieder abgeschoben werden, steht einem Gefühl von Sicherheit und Geborgenheit massiv entgegen. Und diese Unsicherheit können die pädagogischen Mitarbeiter ihnen auch nicht nehmen. Sie können jedoch parteiliche Unterstützung anbieten. Es geht in solch einer, oft von Ängsten und Katastrophenfantasien geprägten Phase auch darum, ein Signal bezogen auf Selbstwirksamkeitserfahrung zu geben. Die Botschaft kann lauten: „Ja, es ist schwierig – und du bist *nicht* ohnmächtig!"

Das kann z. B. bedeuten, dass die Mitarbeiter den Jugendlichen immer wieder bestätigen, dass es bedeutsam ist, wenn möglich bei der Anhörung alle wichtigen Details zu den Fluchtgründen darzulegen. Vielleicht schämen sie sich bei einer Anhörung, bestimmte Erlebnisse zu schildern, die ihnen widerfahren sind. Nicht selten ist das bei sexuellem Missbrauch der Fall. Dabei kann die Schilderung dieses Ereignisses bedeutsam sein, um die Fluchthintergründe zu verstehen. **Parteiliche Unterstützung** könnte darin bestehen, sie für die Wichtigkeit der Aussage zu sensibilisieren. Sie kann auch darin bestehen, Jugendliche, die im Alltag nach und nach von ihren Erlebnissen berichten können, zu ermuntern, diese Erinnerungen aufzuschreiben, um in der Anhörungssituation darauf zurückgreifen zu können.

Manchmal geraten die Jugendlichen auch in Panik, wenn sie von Abschiebungen in ihr Heimatland hören. Parteiliche Unterstützung kann dann auch bedeuten, mit den Jugendlichen hinzuschauen, ob der Fall des Abgeschobenen dem eigenen gleicht oder ob die Abschiebung aufgrund einer ganz anderen Datenlage erfolgte. Das kann oftmals zur Beruhigung beitragen.

Parteilich bedeutet also auch, so viel wie möglich an Transparenz in einem Verfahren zu schaffen, in dem viele Betroffene sich immer mal wieder völlig hilflos erleben. Es bedeutet aber nicht, falsche Versprechen zu geben oder falsche Hoffnungen zu wecken.

Neben dem realen „sicheren Ort" (dem eigenen Zimmer, der Wohngruppe etc.) kann es auch einen symbolischen, imaginierten „**inneren sicheren Ort**" geben, der ein weiteres Stück Sicherheit bedeuten kann. Es ist Sicherheit in sich selbst. Einen solchen Ort kann man mithilfe von Imaginationen einrichten.

In einer ruhigen Atmosphäre können Betreuer den Kindern und Jugendlichen, die ein fortgeschrittenes Sprachverständnis in der deutschen Sprache haben, einen Text zum Thema „**der sichere Ort**" anbieten, der einlädt einen persönlichen „inneren Wohlfühlort" zu kreieren. Der Hörer beantwortet die im Text gestellten Fragen nicht laut, nur für sich selbst. Wichtig ist, dass dieser eine bequeme Haltung einnimmt, der Raum angenehmes Licht und eine Wohlfühltemperatur hat. Außengeräusche sind zu minimieren. Es sollte kein Zeitdruck herrschen!

Es hat sich bewährt, auf ein betont langsames Sprechtempo zu achten und ggf. eigene innere Bilder entstehen zu lassen, während man spricht. Der Vortragende geht quasi mit in eine leichte Trance.

Der sichere Ort

Ich möchte dich einladen, in deiner Fantasie nun an einen wunderschönen Ort zu gehen, einen Ort, an dem du dich so richtig wohlfühlst. Ob du dabei die Augen schließen möchtest oder sie lieber offen hast, das bleibt dir überlassen. Mache es ganz so, wie es für dich passend ist.

Nun schau einmal, wo dein persönlicher Lieblingsort ist. Für manche ist er in den Bergen, für andere auf einer großen Wiese, in einem Haus, im Weltall oder an einem ganz anderen Ort… Ein Ort, an dem du dich ganz wohl und geborgen fühlst…

Nun schau dich einmal um an diesem Ort. Schau, was du siehst! Dort sind nur Lebewesen und Dinge, die dir guttun. Wenn du noch weitere Dinge oder Lebewesen dort haben möchtest, lade sie ein. Sie werden kommen. Wenn du einen liebevollen Begleiter, Helfer dort haben möchtest, der dir Sicherheit und Schutz gibt, dann bitte ihn, zu kommen.

Ist das, was du siehst, jetzt gut für dich? Wenn nicht, dann verändere es, bis es dir richtig erscheint…

Wenn dir alles richtig erscheint, dann nimm wahr, was du hören kannst. Prüfe einmal, ob das, was du hörst, für deine Ohren angenehm ist, ob du es gerne hörst. Ansonsten kannst du es so lange verändern, bis es wirklich gut klingt…

Dann prüfe die Temperatur, ob sie angenehm ist, und verändere sie, wenn es nötig ist.

Was kannst du riechen?… Riecht es ganz und gar angenehm? Du kannst es verändern, wenn du es möchtest…

Und wenn es einen Geschmack gäbe, der zu diesem Ort passt, welcher wäre das?

Und nun schau dich noch einmal um. Vielleicht gibt es eine obergemütliche Stelle, an der du es dir bequem machen kannst…

Mach es dir ganz bequem…

Wenn es dir gelungen ist, dir diesen sicheren Ort jetzt zu erschaffen, dann genieß es noch ein paar Augenblicke lang, dort zu sein…

Wenn es heute nicht gelungen ist, ist das auch in Ordnung. Es ist gut, dass du dich damit beschäftigt hast, und wenn du möchtest, wirst du ihn früher oder später finden.

Wenn du den Ort für dich gefunden hast, kannst du ihn jetzt noch verankern, sodass es dir in Zukunft leichter fällt, dorthin zu gelangen. Dazu kannst du dir ein Zeichen, eine Geste überlegen: z. B. kannst du beide Daumen mit den Zeigefingern fest zusammendrücken oder du drückst dein Ohrläppchen oder du machst etwas ganz anderes…

Mache nun diese Geste und nimm dabei noch einmal deinen sicheren Ort wahr.

Wenn du in Zukunft schnell in Verbindung mit deinem sicheren Ort treten möchtest, dann wiederhole die Geste. Das hilft dir, den Ort wiederzufinden.

Nach dieser Übung komm dann in deinem eigenen Tempo in den Raum zurück. Streck dich ein wenig. Und wenn du die Augen geschlossen hattest, dann öffne sie nun wieder.

Du bist jetzt wieder hier!

Die Kinder/Jugendlichen können regelmäßig, z. B. vor dem Einschlafen, diesen Ort aufsuchen. Sind sie geübt darin, so können sie in Stresssituationen sich auch schnell dorthin begeben und zur Ruhe finden.

Auch andere Körper- und Achtsamkeitsübungen können zur Beruhigung beitragen. Hier sind z. B. die **progressive Muskelrelaxation** (PMR) nach Jacobsen oder Atemübungen zu nennen.

Bei der PMR handelt es sich um eine Methode, bei der nacheinander einzelne Muskelpartien bewusst angespannt und wieder entspannt werden. Die Konzentration wird dadurch auf den Wechsel zwischen An- und Entspannung gerichtet. Das Körpergefühl in diesem Bereich soll verbessert werden. Das langfristige Ziel ist, dass die Person lernt, Muskelanspannung bewusst herbeizuführen, aber auch bewusst eine Entspannung herbeizuführen. Darüber hinaus können Muskelverspannungen aufgespürt und ihnen entgegengewirkt werden.

> **TIPP zum Weiterlesen:**
> Eine Vielzahl von Imaginationsübungen findet sich u. a. bei Luise Reddemann (2017): In ihrem Buch *Imagination als heilsame Kraft* stellt sie Übungen zu den Themen „Innere Stabilität finden", „Heilsame Übungen mit dem Körper lernen", „Dem Schrecken begegnen", „Kunsttherapie im Prozess der Traumaheilung" und „Die eigene Geschichte annehmen und integrieren" vor..

Versorgung

Bezogen auf Versorgung ist zunächst einmal an regelmäßiges Essen, geregelten Schlaf, Hygieneverhalten und ärztliche Versorgung zu denken.

Essen. Manche Flüchtlinge haben bereits im Heimatland und dann auf der Flucht unter großem Hunger und Durst gelitten. Oft war nicht klar, wann es die nächste ausreichende Mahlzeit geben würde. Viele wissen zudem, dass ihre Angehörigen im Heimatland permanent Hunger leiden. Nicht selten beginnen Geflüchtete daher, Essen zu horten. Sie verstecken Essen z. B. im Schrank, um im vermuteten Notfall Reserven zu haben. Dort beginnt es dann oft zu verderben. Ein Verhaltensmuster, das übrigens auch bei vielen Pflegekindern mit extremen Mangelerfahrungen beobachtet werden kann.

Eine reine Aufklärung darüber, dass das Horten von Lebensmitteln unhygienisch und unnötig ist, reicht oft nicht aus. Das Verhalten ist durch eine existenzielle, tief sitzende Angst entstanden. Diese Angst hat sich vor dem Hintergrund wiederholter (Negativ-)Erfahrungen ausgebildet. Abbauen lässt sich diese Angst und das damit verbundene Verhalten ebenfalls über Erfahrungen, und zwar jetzt über verlässlich positive neue Erfahrungen.

Die Kinder und Jugendlichen machen im Idealfall die beständige Erfahrung, dass sie jederzeit etwas zu essen bekommen können. In vielen Einrichtungen können sie sich daher zu jeder Tages- und Nachtzeit etwas aus dem Kühlschrank holen. Oft stehen auch gefüllte Obstteller bereit. Einige Einrichtungen schließen nachts zwar die Küche ab, etwas Obst und Toast „für den Notfall" stehen jedoch im Wohnzimmer bereit.

Der Obstteller steht jederzeit bereit

In vielen Kulturen kommt dem Essen eine besondere Bedeutung zu. Essen steht in Verbindung mit Gemeinschaft, Zusammengehörigkeit, Kommunikation, sich kümmern, **emotionaler Versorgung**. Um die Wohngruppe zu einem Ort des Wohlfühlens werden zu lassen, einem Ort, an dem man zusammensitzt und sich umeinander kümmert, ist dem Essen eine besondere Bedeutung beizumessen. Über das Essen findet neben der körperlichen Versorgung, wie gesagt, eine emotionale Versorgung statt. Tiefenpsychologisch betrachtet ist die „orale Versorgung" (die Versorgung mit Nahrung) das primäre Bindungs- und Beziehungsangebot zwischen zwei Menschen. Gemeinsame Mahlzeiten haben also auch einen starken bindungsfördernden Aspekt.

Werden Gerichte aus der Heimat der Geflüchteten zubereitet, so bietet dies zum einen die Möglichkeit, etwas Vertrautes und Geliebtes zu essen. Da in den Gruppen Jugendliche aus verschiedenen Nationen mit verschiedenen Essgewohnheiten zusammen sind, können sie zum anderen über den Weg der verschiedenen Speisen mehr voneinander erfahren. Zu berücksichtigen ist dabei, dass auch unter Flüchtlingen Vorbehalte gegen Angehörige anderer Nationen und deren Speisen bestehen.

Schlafen. Das Thema „Schlafen" ist für viele Flüchtlinge ein bedeutsames Thema. Einige gehen oft noch lange mit Jacken, Mützen und Schuhen schlafen um immer noch fluchtbereit zu sein. Zudem ist Dunkelheit für viele mit Gefahr verbunden. Daher haben sie Angst vor dem Dunkeln. Für manche ist es aber auch ungewohnt und beängstigend, alleine in einem Zimmer zu schlafen. Bis zu ihrer Ankunft in Deutschland haben sie vielleicht niemals alleine übernachtet. Immer waren andere Menschen dabei.

Aus der Forschung ist bekannt, dass Schlafmangel u.a. folgende gesundheitliche Schäden bewirken kann:

- Menschen mit anhaltendem Schlafmangel haben ein erhöhtes Risiko für Herz-Kreislauf-Erkrankungen.
- Der Blutzuckerspiegel steigt.
- Depressionen können sich einstellen.
- Weitere Symptome können sich ausbilden, vor allem die Produktion von Hormonen und der Stoffwechsel werden ungünstig beeinflusst. So werden z. B. mehr

Hormone gebildet, die Hunger auslösen, und weniger Hormone, die ein Sättigungsgefühl hervorrufen. Wer weniger schläft, isst vermutlich deshalb mehr.
- Weitere Symptome können Frösteln, Reizbarkeit und Konzentrationsstörungen sein (vgl. z. B. Spork, 2007; Zulley 2005).

Neben der psychischen Belastung spielen auch Faktoren der Alltagsgestaltung eine Rolle beim Schlafverhalten. Hierauf wird im Kapitel Alltagspädagogik näher eingegangen.

Nähe

Um die den Bedürfnissen der unbegleiteten minderjährigen Flüchtlinge entsprechende **Nähe** zu ermöglichen, muss eine Beziehung zum Kind/Jugendlichen aufgebaut werden. Aber diese Beziehung ist keine private Beziehung, sondern eine pädagogische. Wie im Kapitel „Anforderungen an die pädagogische Fachkraft" näher erläutert, geht es in dieser Beziehung nicht um die emotionalen Bedürfnisse des Pädagogen. Vielmehr dient die Beziehung dem pädagogischen Ziel der Stabilisierung und Entwicklung des jungen Menschen.

Zimmermann u. a. (2017) sprechen davon, dass die pädagogische Beziehung sich durch „Halten und Zumuten" auszeichnet. Halten ist nötig, weil die Kinder und Jugendlichen geschwächt sind. Sie haben ihre Bindungspersonen verloren und waren extremen Belastungen ausgesetzt. Sie brauchen nun Menschen, die sich als zuverlässige und wertschätzende Bezugspersonen anbieten. Gleichzeitig müssen die Kinder und Jugendlichen in ihrer Entwicklung und der Neuorientierung in ihrer inneren und äußeren Welt gefördert werden. Auch wenn dieser Prozess nicht leicht ist, muss er den jungen Menschen – in angemessenen Schritten – zugemutet werden. Halten ohne Zumuten würde bedeuten, in einem frühkindlichen Beziehungsmuster zu verharren. Es fehlt darin der Entwicklungsanreiz.

Zumuten ohne zu halten, würde jedoch bedeuten, das Kind/den Jugendlichen mit seiner schweren Aufgabe allein zu lassen. Von ihm würde nur gefordert und falsches Verhalten sanktioniert. Den Menschen individuell zu halten, bedeutet natürlich nicht, dass dieser störende, dissoziale Verhaltensweisen ohne Rücksicht ausleben darf. Vielmehr geht es darum, zu zeigen, dass das einzelne Verhalten zwar nicht akzeptabel war, die Person aber unbedingt geschätzt wird. („Hart in der Sache – weich zur Person!")

Verletztes Bedürfnis nach Kontrolle und Orientierung/Selbstbestimmung

Das Thema Kontrolle und Orientierung betrifft unbegleitete minderjährige Flüchtlinge in besonderem Maße.

Wie oben beschrieben, ist Sicherheit ein bedeutsamer Aspekt, wenn es darum geht, das Bindungsbedürfnis zu befriedigen.

Sicherheit und Stabilität sind aber auch nötig, wenn das Orientierungs- und Kontrollbedürfnis aktiviert sind.

Jeder Mensch weiß, dass das Leben immer Gefahren mit sich bringt. Denen aber offen zu begegnen, setzt voraus, dass man sich grundsätzlich sicher in dieser Welt fühlt. Vielen unbegleiteten minderjährigen Flüchtlingen ist dieses grundsätzliche Vertrauen in die Welt aufgrund ihrer Erfahrungen im Heimatland und auf der Flucht aber verloren gegangen. Bei manchen war dieses Vertrauen auch nie vorhanden. Und so empfinden viele Geflüchtete die Welt als einen unsicheren, bedrohlichen Ort, dem sie ausgeliefert sind.

Die damit verbundene defensive Haltung und das Bedürfnis nach Schutz können die Kinder und Jugendlichen hindern, sich neuen Erfahrungen zu öffnen. Angst und Misstrauen in sozialen Kontakten verhindert dann auch positive Erfahrungen wie z. B. gehalten und geliebt zu werden. Angst verhindert auch, sich die Welt interessiert zu erschließen, neue Dinge neugierig zu betrachten, Neues zu erproben und dabei zu lernen. Somit wirkt Angst direkt dem Lernen und der individuellen Weiterentwicklung entgegen.

In der pädagogischen Arbeit mit diesen Menschen ist es daher wichtig, ihnen das Gefühl und das Wissen zu ermöglichen, **das eigene Leben wieder selbstständig gestalten** zu können.

Äußerlich bildet ein klar strukturierter, transparenter sicherer Ort einen notwendigen Rahmen. Er bietet klare Orientierungspunkte, zeigt Freiheiten und Grenzen auf. Sanktionen bei Grenzverletzungen müssen klar definiert und verlässlich eingehalten werden. So wird die neue Umgebung durchschaubar und berechenbar.

Darüber hinaus ist es wichtig, wieder die Erfahrung zu machen, das Geschehen selbst beeinflussen zu können, ihm nicht hilflos ausgeliefert zu sein. Es ist zentral, das Gefühl von Selbstwirksamkeit zurückzugewinnen.

Damit die Kinder und Jugendlichen sich selbst wieder als Subjekte ihres Handelns erleben können, brauchen sie zunächst ein Verständnis von sich selbst. Oft verstehen sie sich selbst und was in ihnen vorgeht nicht mehr. So erleben sie z. B. bei sich unspezifische körperliche Anspannungen, plötzliche Affektausbrüche, nicht erklärbare Schmerzempfindungen oder eingeschränkte Körperwahrnehmungen. Sie können sich aber selbst nicht immer erklären, woher diese Symptome kommen. Sie sind sich in diesem Punkt selbst fremd.

Um sich die eigenen körperlichen Verhaltensweisen zu erklären, ist **Psychoedukation** durch die Betreuer hilfreich. Dazu kann es sinnvoll sein, den Jugendlichen die Vorgänge im Gehirn und im Körper altersangemessen zu erklären (vgl. Kapitel „Trauma"), um deutlich zu machen, dass es einen nachvollziehbaren Grund für die körperlichen Symptome gibt. Wenn die Kinder und Jugendlichen auf diesem Wege verstehen, dass ihre Symptome in der Vergangenheit Überlebensstrategien waren, also wertvolle Ressourcen, dann wird auch ihr Selbstwertgefühl wieder gestärkt.

Der Begriff der **Psychoedukation** stammt aus der Arbeit mit psychisch erkrankten Menschen. Ziel ist, den Betroffenen medizinisch-wissenschaftliche Erklärungen zu ihrem Leiden und dessen Behandlungsmaßnahmen zu geben. Sie sollen die Erkrankung und die erforderlichen Behandlungsmaßnahmen begreifen und nachvollziehen können. Dieses Verstehenkönnen gilt als Grundvoraussetzung für den selbstverantwortlichen Umgang mit der Erkrankung und ihre erfolgreiche Bewältigung.

> **TIPP zum Weiterlesen:**
> Konkrete Vorschläge zur Psychoedukation finden sich bei Ulrike Ding (2014): *Ich kann mir sowieso nichts merken, also brauch ich auch nicht hin!* und Andreas Krüger (2011): *Erste Hilfe für die Seele.*

Eine weitere Möglichkeit, Zugang zum nachvollziehbaren Grund für die eigenen Verhaltensweisen zu bekommen und sich selbst besser zu verstehen, ist die **„Wofür?"-Frage**.

Im Alltag wird oft gefragt, *warum* jemand in einer bestimmten Art und Weise gehandelt hat. Diese Frage ist aber oft schwer zu beantworten.

Formuliert man stattdessen die *Wofür*-Frage: „Du hast gerade … (beschreiben, was gerade gemacht wurde), weil du … brauchst?", so wird schon in der Frage deutlich, dass man unterstellt, dass das Handeln einen guten Grund hat.

So wird dem Kind/Jugendlichen wieder eine Möglichkeit gegeben, sich selbst besser zu verstehen. Vielleicht werden Trigger oder bestimmte Muster als Auslöser für das konkrete Verhalten erkannt. Muster zu verstehen, kann die Voraussetzung dafür sein, sie zu unterbrechen und damit selbstbestimmter, selbstwirksamer zu handeln.

Konkret kann es manchmal hilfreich sein, ein **Trigger-Tagebuch** anzulegen, um Auslöser für bestimmte Verhaltensweisen zu erkennen und selbstbestimmter damit umzugehen.

(Vgl. Dabbert, 2017, S. 144 ff.)

Aber auch die Situation, nun in einer fremden Kultur mit anderen Menschen aus verschiedenen Nationen gemeinsam zu leben, versetzt jeden Neuankömmling zunächst einmal in den Zustand von Nicht-orientiert-Sein. Erst nach und nach wird klar, welche ausgesprochenen und welche unausgesprochenen Regeln gelten.

Ein besonderes Problem, das große Unsicherheit mit sich bringt, ist der Umgang mit Frauen und insbesondere die sexuellen Bedürfnisse der jungen Männer. (Das Thema ist selbstverständlich auch für weibliche Jugendliche bedeutsam.) Natürlich wünschen sich viele junge Männer eine Freundin und es gefällt ihnen, dass es hier unbefangener zugeht als zu Hause, wo oft noch die Familie über die Kontakte wacht. Die kulturspezifischen „Spielregeln" der Kontaktaufnahme zwischen den Geschlechtern in Deutschland kennen sie in der Regel nicht. Sie fürchten deshalb (oft zu Recht), die Signale nicht richtig lesen bzw. interpretieren zu können. Manche trauen sich deshalb etwa gar nicht ins Freibad (als einen typischen Ort ungezwungener Kontaktaufnahme), andere gehen möglicherweise bewusst dorthin, um Frauen zu beobachten (vgl. Kaschuba, 2017).

Ein für Jugendliche sehr zentrales Thema ist also hier mit großer Unsicherheit besetzt.

Im pädagogischen Alltag ist es daher wichtig, detaillierte Informationen über die **Rollenbilder** (hier bezogen auf die Geschlechterrollen) bei Jugendlichen in Deutschland zu vermitteln. Ausgehend von den Erfahrungen der jungen Migranten in unserem Kulturkreis, lassen sich die hier herrschenden Normen und Werte thematisieren.

Bezogen auf den alltäglichen Umgang von Männern und Frauen erleben die Jugendlichen die **Mitarbeiter und Mitarbeiterinnen als Modell**. Bezogen auf den Aufbau sexueller Beziehungen ist es hilfreich, das Thema nicht totzuschweigen, sondern es aktiv als Gesprächsthema anzubieten. Manchmal lassen sich auch Spielfilme nutzen, um anhand von positiven Beispielen attraktive Modelle für angemessene Kontaktaufnahmen vorzustellen.

Evtl. kann auch ein Flirt-Coaching mit Tipps zur Kontaktaufnahme durchaus eine sinnvolle pädagogische Intervention sein.

Verletztes Bedürfnis nach Selbstwerterhöhung

Das Selbstwertgefühl entwickelt sich abhängig von internen und externen Bewertungsprozessen:

1. der Selbstachtung, d.h. der Selbstbeurteilung anhand selbst gesetzter Aufgaben, Maßstäbe und Ziele,
2. der Fremdbewertung, gemeint ist das Ausmaß an sozialer Akzeptanz, Zuwendung und Sympathie, die jemandem entgegengebracht werden (vgl. Bensch, zitiert nach Mogk, 2016, S. 58).

Die Lebenserfahrungen und die aktuelle Situation vieler minderjähriger unbegleiteter Flüchtlinge wirken der Entwicklung eines gesunden Selbstwerts eher entgegen. Manche wurden von ihren Familien nach Europa geschickt mit dem Auftrag, von hier aus für die Familie zu sorgen. Häufig haben alle Verwandten alles Geld zusammengelegt, um die Flucht zu ermöglichen. Dem Auftrag, sich von hier aus um die Familie zu kümmern, fühlen die Jugendlichen sich verpflichtet. Hier angekommen, erfahren sie, dass sie nicht einfach arbeiten können und dass sie die in der Heimat dringend benötigten finanziellen Mittel nicht beschaffen können.

Wenn sie sich selbst mit diesem Auftrag, den sie aber nicht erfüllen können, identifizieren, können sich Gefühle von Selbstzweifeln und eigener Wertlosigkeit entwickeln.

Verstärkt wird diese Situation durch die Erfahrung, auf der Flucht gepeinigt worden zu sein und dass ihnen hier angekommen oft wenig wertschätzend begegnet wird. Bei Anhörungen wird ihnen misstraut, bei Behörden fühlen sie sich abgefertigt, auf der Straße werden sie teilweise angepöbelt.

Viele Jugendliche erleben jetzt, dass sie weder die an sie gerichteten Erwartungen (vonseiten der Familie) noch ihre eigenen Ziele erfüllen können und zusätzlich von ihrer sozialen Umwelt nur bedingt akzeptiert werden. Das Selbstwertgefühl zu erhalten oder gar zu erhöhen, ist daher kaum realisierbar.

Im pädagogischen Alltag ist es kaum möglich, den Kindern und Jugendlichen dazu zu verhelfen, dass sie die o. g. eigenen und fremden Erwartungen erfüllen. Möglich und nötig ist es aber, im Alltag viele Gelegenheiten zu schaffen, die **Selbstwert aufbauen** und fördern und **Selbstwirksamkeit erfahrbar machen**. Dies kann gelingen, indem man ihnen im Alltag Aufgaben überträgt, die sie fordern, die aber zu bewältigen sind. Bei diesen Aufgaben merkt das Kind/der Jugendliche, dass er etwas schaffen kann, etwas bewirken kann. Auch Sport und damit verbundene Körperbeherrschung kann sich selbstwertsteigernd auswirken.

Insgesamt gilt die Devise: „**Stärken stärken**!". Gemeint ist, Jugendlichen in den Bereichen, in denen sie ohnehin schon Ressourcen zeigen, Aufgaben und Herausforderungen zu stellen, die ihnen Erfolgserlebnisse ermöglichen.

Von zentraler Bedeutung zur Bestärkung des Jugendlichen (**Empowerment**) und zur Vermittlung von Selbstwirksamkeit ist auch die Beteiligung der Jugendlichen an Entscheidungsprozessen und Informationsflüssen, die sie unmittelbar betreffen.

Auf möglichst vielen Ebenen sollen die jungen Menschen entsprechend ihres Alters und Entwicklungsstands in alle sie betreffenden Entscheidungen einbezogen werden (z. B. Gestaltung der Räumlichkeiten, Beteiligung hinsichtlich der Gruppenregeln, Schaffung von Mitspracheregremien).

Berichte und Einschätzungen zu Leistung und Verhalten des Jugendlichen sollten mit den Betroffenen besprochen werden. Interventionen und spezielle Hilfsmaßnahmen sollten immer im Rahmen der individuellen Möglichkeiten nachvollziehbar sein. Konkrete Beteiligung kann auch in Hilfeplangesprächen stattfinden. Es sollte ein transparentes Beschwerdemanagement eingerichtet werden.

Verletztes Bedürfnis nach Lustgewinn und Unlustvermeidung

Hat jemand sehr viele belastende Erfahrungen gemacht, kann das Bedürfnis, Unlust zu vermeiden, sehr ausgeprägt sein. So kann es sein, dass jemand, der sich psychisch sehr belastet fühlt, versucht, jedem Konflikt aus dem Weg zu gehen. Einen Konflikt aktiv anzugehen, könnte weitere Energie kosten und weitere Unlustgefühle mit sich bringen. Gerade im oben beschriebenen Sinn von Beteiligung und Empowerment sowie zur Entwicklung einer erwachsenen Identität ist das **konstruktive Austragen von Konflikten** aber wichtig. Und auch im Alltag ist es im Sinne eines sozialen Miteinanders oftmals wichtig, Unlustsituationen auszuhalten und auch Dinge zu tun, die man nicht mag, die aber für das gemeinsame Leben wichtig sind (z. B. Pflichtaufgaben übernehmen oder sich mit den Erwartungen anderer auseinandersetzen).

Ein behutsames Zumuten an Unlusterfahrungen gehört somit zum pädagogischen Auftrag.

Manchmal helfen **Formulierungen** wie: „Ich weiß, du magst das gar nicht. Und jetzt muss es trotzdem getan werden." Durch eine solche Formulierung signalisiert der Pädagoge, dass er das Kind bzw. den Jugendlichen in seinem Bedürfnis sieht, bevor er die unangenehme Aufgabe einfordert. Dieses Gesprächsvorgehen erhöht oftmals die Kooperationsbereitschaft des jungen Menschen, weil er sich mit seinen emotionalen Wünschen und Bedürfnissen gesehen fühlt.

Hilfreich kann es auch sein, in einem Gespräch gemeinsam eine nüchterne **Kosten-Nutzen-Analyse** zu erstellen. Der Betreuer lädt den Jugendlichen ein, sich mit den folgenden Fragen auseinanderzusetzen: „Was ‚kostet' es mich, wenn ich dem Konflikt aus dem Wege gehe? Welche kurz- und langfristigen Auswirkungen hat das? Was wäre der Preis (der Nutzen), wenn ich mich überwinde und den Streitpunkt bzw. die unangenehme Aufgabe aktiv angehe?"

Manchmal hilft es auch, eine **Entscheidungsalternative** zu bieten: „Möchtest du die Aufgabe vor oder nach dem Essen erledigen?" Dieses Entscheidungsangebot eröffnet dem Jugendlichen zumindest einen gewissen Handlungsspielraum und mindert das Gefühl, fremdbestimmt zu werden.

Wohngruppe Rupert-Neudeck-Straße

Bezogen auf die Grundbedürfnisse der Jugendlichen aus der Wohngruppe kann man sicher unterstellen, dass bei allen das Grundbedürfnis nach Kontrolle, Orientierung und Selbstbestimmung über längere Zeiträume verletzt wurde. Die Flucht mit all ihren unkontrollierbaren Bedingungen und die Ankunft in einem neuen Kulturkreis, verbunden mit der Unsicherheit für die Zukunft, bringen Erschütterungen dieses Grundbedürfnisses für alle mit sich.

Für **Salem**, der sehr unter dem unbeständigen Kontakt zu seiner Familie leidet, scheint zudem das Bedürfnis nach Bindung nicht ausreichend befriedigt zu sein. Er braucht offenbar dringend stabile Bindungsangebote, die ihm neuen Halt geben. Er braucht Beziehungsangebote und emotionale Versorgung. Salem fehlt der emotionale Halt in einer ihm (noch) fremden Welt. Gleichzeitig muss er mit den Erwartungen seiner Familie leben, sich um sie und für sie zu sorgen.

Nach seinen lebensbedrohlichen Erlebnissen in Damaskus benötigt er nun auch vor allem einen sicheren Ort. Dass das Gefühl, in Sicherheit zu sein, sich noch nicht eingestellt hat, zeigt sich u. a. an seinen chronischen Schlafstörungen.

Da er tagsüber im Gruppenraum entspannen kann, liegt die Vermutung nahe, dass er in Anwesenheit anderer besser entspannen kann. Hier ist also zu überlegen, ob es ihm hilft, wenn er sich das Zimmer mit jemandem teilt, um sich nicht alleine zu fühlen. Vielleicht hat er aber auch selbst Ideen, was ihm hilft, um sich sicherer zu fühlen.

Bei **Ahmet** ist auffällig, dass er sich stark gegen Regeln und gegen Personen, die Regeleinhaltungen erfordern (Erzieher und Lehrer) auflehnt. Hier stellt sich die Frage, ob in seiner Vergangenheit autoritäre Personen von ihm bedingungslose Regelakzeptanz verlangt haben. Sein Selbstwertgefühl könnte darunter sehr gelitten haben. Ist das der Fall, braucht Ahmet eine – für ihn nachvollziehbare – Erklärung für das, was nun von ihm verlangt wird. Bestenfalls kann er der Regel zustimmen, sie aber zumindest akzeptieren. Dann kann er sie einhalten, ohne sich fremdbestimmt oder beschämt zu erleben.

Bei **Amadou** scheinen alle psychischen Grundbedürfnisse verletzt zu sein. Durch seine Homosexualität hat er soziale Ausgrenzung erlebt. Sein Selbstwertgefühl und sein Selbstkonzept wurden stark erschüttert. Zudem wird er als gläubiger Muslim wegen seiner sexuellen Orientierung massive Selbstzweifel entwickelt haben. Seine dramatischen biografischen Erfahrungen, verkauft zu werden, Erpressung, erzwungene HIV-Infektion, weckten aller Wahrscheinlichkeit nach ein Gefühl des Ausgeliefertseins, der Wertlosigkeit und der Ohnmacht.

In solch einer Situation ist es wichtig, neue gegenteilige, das Selbstwertgefühl stabilisierende Erfahrungen machen zu können. Die Betreuer könnten ihn dabei unterstützen, zu erleben, wie er im Alltag schrittweise Selbstwirksamkeit erleben kann. Erfolgserlebnisse und die Überzeugung „Ich bin den Umständen nicht hilflos ausgeliefert!" hätten vermutlich heilsame Wirkung.

Ein Blick auf homosexuelle Künstler und Politiker, die selbstbewusst mit ihrer sexuellen Orientierung umgehen, kann zudem dazu beitragen, die eigene Sexualität nicht mehr als etwas zu erleben, für das man sich schämen muss.

4.3   Traumaereignis und Traumaerleben

Das Wort „Trauma" kommt aus dem Altgriechischen und heißt wörtlich übersetzt „Wunde": In der Medizin wird es für körperliche Wunden wie Brüche oder offene Verletzungen benutzt. Ist die Seele stark verletzt und hat einen Schock erlitten, so spricht man von einem psychischen Trauma.

Auslöser für eine solche seelische Verletzung sind oft Katastrophen, Gewalt, sexuelle Übergriffe und Ähnliches. Gemeinsam ist all diesen Ereignissen, dass sie ein extremes Erleben von Furcht, Hilflosigkeit, Ohnmacht, also von Gefühlen, die Situation nicht beeinflussen zu können, Entsetzen und existenzielle Bedrohung bis hin zur Todesangst hervorrufen.

Hinzu kommt, dass die Betroffenen sich nach dem Ereignis nicht in der Lage fühlen, das traumatische Geschehen mit ihren aktuellen Bewältigungsstrategien zu verarbeiten. Jeder Mensch hat eigene Wege entwickelt, mit Belastungen fertig zu werden. Manche trauern, andere suchen das Gespräch, kämpfen, schimpfen usw. Jeder hat seine eigene Strategie. Diese gewohnten Wege reichen aber zur Bewältigung eines traumatischen Erlebnisses oft nicht aus.

> Fischer und Riedesser (2003) beschreiben „**Trauma**" als:
> „vitales Diskrepanzerlebnis zwischen bedrohlichen Situationsfaktoren und den individuellen Bewältigungsmöglichkeiten, das mit Gefühl von Hilflosigkeit und schutzloser Preisgabe einhergeht und so eine dauerhafte Erschütterung von Selbst- und Weltverständnis bewirkt." (S. 82)

Ein Trauma zeichnet sich also auch dadurch aus, dass es lange nachwirkt. Der Schock hinterlässt Spuren über Tage, Wochen bis hin zu Jahrzehnten (vgl. Baer, 2014, S. 54 ff.).

Aber nicht jedes extreme Ereignis ist automatisch traumatisierend. Ob ein schockierendes, belastendes Erlebnis traumatisierend wirkt, hängt von mehreren Faktoren ab. Diese sind z. B.:

- Alter und Entwicklungsstand. Erleben Kinder sehr jung ein extrem belastendes Ereignis, ist die Gefahr der Traumatisierung größer.
- Vorherige Traumatisierungen. Wiederholen sich die Extrembelastungen (z. B. sexueller Missbrauch), so erhöhen sie die Wahrscheinlichkeit der Traumatisierung.
- Vorhandene Schutzfaktoren. Diese sind z. B. eine sichere Bindung, ein gutes soziales Netzwerk, das Hilfestellung geben kann, Optimismus.
- Vielfalt an Bewältigungsstrategien, also positive Erfahrungen mit verschiedenen bisherigen Problemlöseversuchen (vgl. Weeber/Gogercin, 2014, S. 33).

Von wesentlicher Bedeutung dafür, wie die Situation erlebt und dauerhaft verarbeitet wird, ist auch die „Zeit danach". Forschungen zu Opfern sexueller Gewalt (vgl. Frick-Baer, 2013) zeigen, dass es in hohem Maße darauf ankommt, ob diese Trost, Schutz und Halt erfahren oder ob sie unmittelbar nach dem Geschehen allein gelassen werden. Die Zeit direkt nach dem Traumageschehen gehört somit zum Traumaereignis (vgl. Baer, 2014, S. 66).

Ein wichtiges Stichwort in diesem Kontext ist die „Resilienz"!

4.3.1   Schutzfaktor Resilienz

Der Begriff „Resilienz" kommt ursprünglich aus der Physik und meint dort die Flexibilität eines Materials gegenüber äußeren Einwirkungen. In der Psychologie beschreibt „Resilienz" die Schutz-und Bewältigungsmechanismen, die einem Individuum zur Verfügung stehen. Resilienzfaktoren können zum einen vor einem seelischen Trauma schützen (indem sie helfen, ein potenziell traumatisierendes Ereignis innerpsychisch zu verarbeiten) und zum anderen im ggf. notwendigen Heilungsprozess unterstützend wirksam werden.

Als klassische **Resilienzfaktoren** gelten u.a.:
- die Überzeugung, selbstwirksam handeln zu können,
- unterstützende Geschwisterbeziehungen,
- ein stabiles soziales Netz,
- individuell verfügbare Stress-Bewältigungs-Strategien,
- Religiosität und Sinnerleben sowie
- mindestens eine Bindungsperson mit Vorbildcharakter.

In der Arbeit mit unbegleiteten minderjährigen Flüchtlingen ist es sinnvoll, nach solchen Resilienzfaktoren Ausschau zu halten und diese ggf. zu stärken.

Betrachtet man die **Erfahrungen** der minderjährigen unbegleiteten Flüchtlinge, so hat eine große Zahl von ihnen bereits im Heimatland schon als junger Mensch Erfahrungen gemacht, die starke Traumatisierungen auslösen können. Sie berichten von Kriegs- und weiteren Gewalterfahrungen wie Missbrauch, Ausbeutung, Verstümmelungen usw. Diese Extrembelastungen waren häufig wiederholt und über lange Zeiten präsent. Sichere Bindungspersonen fehlten teilweise. Resilienzfaktoren, die vor Traumatisierung schützen können, fehlten also oft in Teilen oder ganz. Somit kamen bereits im Heimatland oft viele Faktoren zusammen, die die Ausbildung von Traumata begünstigen. Auf der Flucht nahmen die Belastungen oft nicht ab. Auch hier war die Situation für viele von Angst, Misshandlung, Zwangsarbeit oder Zwangsprostitution und dem Gefühl des Ausgeliefertseins geprägt. Und diese Erfahrungen machen unbegleitete Kinder und Jugendliche zudem meist ganz ohne Bindungspersonen an ihrer Seite.

Angekommen in Deutschland, also in der **„Zeit danach"**, wird ihnen nicht selten wieder mit Feindseligkeit begegnet. Sie erleben Misstrauen und Skepsis. Es wird infrage gestellt, ob sie denn wirklich Schlimmes erlebt haben, ob es ihnen denn wirklich schlecht ging, ob sie tatsächlich auf sich alleine gestellt waren. Statt Trost, Schutz und Halt zu bekommen und damit dem Trauma entgegenzuwirken, wirken die Begleitumstände der Ankunft in Deutschland ggf. sogar traumaverstärkend. Hinzu kommt die permanente Angst vor Abschiebung und Rückführung an den Ort, von dem man geflüchtet ist. Aus dem Wissen um die besondere Bedeutung der ersten Zeit nach der Traumatisierung kommt allen ersten Maßnahmen, die eingeleitet werden, eine besondere Schutzfunktion zu. Darüber hinaus sind weitere Resilienz fördernde pädagogische Verhaltensweisen sinnvoll und – im Sinne des Kindeswohls – notwendig.

> **Resilienz fördernde pädagogische Verhaltensweisen** können z. B. sein:
> - Unterstützung zu geben, damit der Minderjährige schulische Leistungen bringt, auf die er stolz sein kann (z. B. Sprachkurs organisieren, Hausaufgabenhilfe leisten oder organisieren, Lob aussprechen).
> - Anerkennung für praktische Leistungen zu geben, die gut gelungen sind, sodass auch hier ein Gefühl der eigenen Stärke entstehen kann.
> - Wertschätzung und Anerkennung für gutes Selbstmanagement zu geben (Zuverlässigkeit, Pünktlichkeit…).
> - Anerkennung zu zeigen für soziales Engagement (jemandem Hilfe geben, sich Zeit für jemanden nehmen, freiwillige Übernahme von Aufgaben, die der Gruppe dienen …).
> - Verantwortung zu übertragen.
> - Aufbau von Freundschaften und stabilen sozialen Netzwerken zu unterstützen (ggf. Klassenkameraden einladen, zum Sportverein anmelden …).
> - Das Gruppengefüge der Wohngruppe zu stärken (gemeinsame Aktionen, gemeinsame Rituale, gemeinsames Essen, erlebnispädagogische Aktionen …).

4.3.2   Was im Körper passiert

Traumatische Erfahrungen haben weitreichende Folgen für den Körper, besonders für das Gehirn. Um dies zu verstehen, muss man sich anschauen, welche physischen Prozesse bei bzw. in der Folge eines seelischen Traumas ablaufen.

Betrachtet man die menschliche Entwicklungsgeschichte, so sieht man, dass Menschen schon immer, auch in frühen Menschheitsphasen, existenziellen Bedrohungen ausgesetzt waren. Die Urmenschen waren z. B. ständig der Gefahr durch Raubtiere ausgesetzt.

Unsere frühen Vorfahren benötigten, wenn Gefahr von einem wilden Tier drohte, schnell ein hohes Maß an Erregung, um kämpfen oder flüchten zu können. Der Körper reagierte darauf mit der Ausschüttung von Adrenalin, erhöhtem Blutdruck, angeregter Blutzirkulation und indem er das Blut aus den Randgebieten des Körpers abzog und vermehrt die lebenswichtigen Organe wie Herz und Lunge versorgte. Diese Körperreaktion hat sich bis heute nicht verändert.

Das hier beschriebene **Kampf-Flucht-System** versetzte und versetzt bis heute also den Menschen in Handlungsbereitschaft. Er wird wach, aufmerksam, angespannt, reaktionsbereit und bereit zu kämpfen oder zu fliehen. Lässt ich die Situation über Kampf und Flucht aber nicht lösen, ändert der Körper die Strategie. Das Bindungssystem setzt ein. Der Körper nimmt eine Demutshaltung ein, beginnt zu zittern und zeigt sich hilflos. Dies soll bei Feinden eine Beißhemmung und bei Freunden Hilfeleistung aktivieren. Wenn weder Kampf noch Flucht noch Bindungsappell erfolgreich sind, setzt Erstarren ein (vgl. Baierl, 2014, S. 26). Ähnlich wie manche Tiere einen Totstellreflex zeigen, um ihr Überleben zu sichern (Raubtiere reagieren auf Bewegung), kann auch der menschliche Körper instinktiv Lähmungserscheinungen zeigen.

Er friert äußerlich ein, während er innerlich hoch erregt ist. Er bekommt Herzrasen, Panik, evtl. Todesangst. Hinzu können Dissoziationen kommen. Dissoziation bedeutet, dass die Person die tatsächlichen Geschehnisse in diesem Moment ausblendet. Die Realität wird abgekapselt. In diesem Moment werden Endorphine, also Hormone, ausgeschüttet, die schmerzreduzierend wirken. Noradrenalin, ein Botenstoff, blockiert die Wahrnehmung. Der Mensch bekommt daher einen **„Tunnelblick"**. Das so dissoziierte Geschehen ist der Person im Alltag später nicht direkt zugänglich. Sie kann es nicht willentlich abrufen (vgl. Weeber/Gögercin, 2014, S. 34).

Um in einer Gefahrensituation schnell reagieren zu können, war es für den Menschen wichtig, alle Erfahrungen, die er in lebensbedrohlichen Situationen machte, genau zu speichern. Kam er dann wieder einmal in solche Situationen, konnte er die gesammelten Informationen blitzschnell abrufen und sofort reagieren. Dieser Mechanismus ist bis heute geblieben. Heute kennen wir das gleiche Phänomen, wenn wir z. B. ein Martinshorn hören oder Blaulicht sehen. Sofort denken wir an Polizei oder Krankenwagen, schauen uns vielleicht um, woher das Geräusch kommt. Manchem, der schon mal mit Blaulicht und Martinshorn ins Krankenhaus gebracht wurde, läuft eventuell ein kalter Schauer über den Rücken. In unserem Gehirn gibt es einen bestimmten Teil, der Amygdala oder Mandelkern genannt wird, der die eingehenden Wahrnehmungen darauf überprüft, ob sie ggf. eine existenzielle Bedrohung darstellen.

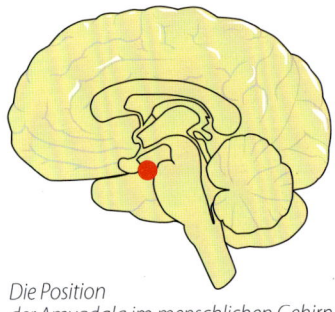

Die Position der Amygdala im menschlichen Gehirn

Für Menschen, die schon mal Kriegssituationen und Bombenexplosionen ausgesetzt waren, kann dies bedeuten, dass deren Mandelkern auf Geräusche, die Bombenexplosionen ähnlich sind, reagiert. So kann z. B. ein Gewittergrollen oder Silvesterkrachen den Mandelkern so aktivieren, dass das Gehirn signalisiert: Extreme Gefahr!

Auch bestimmte Gerüche, Farben, Gesten, Gefühle oder Situationen können Auslöser für das Gefühl von großer Bedrohung sein.

Grundsätzlich ist dieser Mechanismus ein sinnvoller Schutz in Gefahrensituationen. Es ist gut, dass Menschen einen solchen Schutzmechanismus haben. Problematisch wird es, wenn jemand Bombardierung und Gewittergrollen nicht unterscheiden kann. Denn dann wird bei jedem Gewitterdonner sofort ein – hier unangemessenes – Notfallprogramm in Gang gesetzt. Und dieses Programm betrifft nicht nur das Gehirn, sondern das ganze vegetative Nervensystem.

> Das **vegetative Nervensystem** ist der Teil des Nervensystems, der automatisch arbeitet und nicht direkt willentlich steuerbar ist. Er reguliert u. a. Herzschlag, Atmung und Verdauung. Es sorgt auch dafür, dass die Organe und Drüsen sich sehr schnell den äußeren Bedingungen anpassen.

Dieser fortwährende Stress bewirkt zudem, dass die Betroffenen eine höhere Infektionsanfälligkeit zeigen. Sie leiden vermehrt unter Schlafstörungen, Spannungskopfschmerzen, Konzentrationsstörungen und Störungen des Verdauungstrakts (vgl. Baierl, 2014, S. 30).

Um den Geflüchteten, die Angst vor Dunkelheit haben, eine Hilfe anzubieten, wird in manchen Einrichtungen der Jugendhilfe z.B. mit Nachtlichtern für die Steckdosen gearbeitet. Auch ermöglichen sie den Jugendlichen auf deren Wunsch hin, sich das Zimmer mit anderen zu teilen, wenn ihnen das Sicherheit gibt.

Erlebt ein Betreuer ein Kind oder einen Jugendlichen in einem akut dissoziativen Zustand, kann es eine erste sinnvolle Intervention sein, dem Schützling zu helfen, zurück in die (ja objektiv *nicht* lebensbedrohliche) Realität zurückzufinden.

Klassische Möglichkeiten für solch eine **Re-Orientierung** sind z.B.:
- Der dissoziierten Person einen staken taktilen Reiz anbieten (Eiswürfel auf der Haut, Gummiband am Handgelenk schnacken lassen).
- Die Person auffordern, rückwärts zu zählen.
- Einen intensiven Geruch unter die Nase halten (z.B. Pfefferminzöl).
- Die Person auffordern, bewusst und tief zu atmen usw.

4.3.3 Veränderungen des Selbst- und Welterlebens

Menschen treffen häufig Überlegungen und Entscheidungen auf der Basis von Erfahrungen, die sie in der Vergangenheit gemacht haben. Sie entwickeln individuelle Erklärungsmuster, die ihnen helfen, neue Begegnungen und Erfahrungen zu interpretieren. Diese Muster nennt man Schemata. Schemata sind also mentale Strukturen, die Menschen benutzen, um ihr Wissen zu ordnen, in Kategorien abzuspeichern. Schemata werden gebildet, wenn sich bestimmte Interaktionen häufig in ähnlicher Form wiederholen (vgl. Metschies/Gerhards, 2018, S. 11).

Durch sich wiederholende Erfahrungen entwickeln Menschen Annahmen über die eigene Person, über die Beziehung zu anderen Menschen und über die Welt und speichern sie in ihren Schemata. Man spricht auch von einer **„kognitiven Landkarte"**, die auf diesem Weg entsteht. Hierzulande kann man z.B. davon ausgehen, dass man beim Betreten der Straße nicht sofort erschossen wird, dass man in öffentlichen Verkehrsmitteln nicht überfallen wird und dass ein gewisses Maß an gegenseitiger Rücksichtnahme im Alltag angebracht und üblich ist. Diese Welterfahrungen werden dann auf der persönlichen kognitiven Landkarte quasi gespeichert. Das ermöglicht es dann, zukünftig automatisch zu agieren, ohne jede Alltagssituation komplett neu bewerten zu müssen.

Traumatische Erfahrungen, insbesondere interpersonelle Gewalterlebnisse, lassen grundsätzlich andere kognitive Landkarten entstehen. Hier steht dann meist ein permanent misstrauisches „Auf-der-Hut-Sein" im Vordergrund (vgl. Mogk, 2016, S. 63).

Nach den belastenden Erfahrungen, die viele Kinder und Jugendliche im Heimatland, auf der Flucht und vielleicht sogar auch hier in Deutschland machen mussten, haben viele Jugendliche ihr Grundgefühl von Sicherheit, ihr Selbstbewusstsein und das Vertrauen in die Beziehung zu anderen Menschen teilweise verloren. Angst ist ihnen ein ständiger Begleiter geworden. Sie fühlen sich pausenlos in Gefahr und fürchten, dass sich die traumatischen Erfahrungen wiederholen. Es setzt sich das Gefühl fest, dass man am besten alles unter Kontrolle halten muss, um zu überleben. Aber das ist gar nicht zu schaffen. Daher scheint es in einer permanent feindlich und lebensgefährlich erlebten Umwelt keine Rettung zu geben. Manche Menschen ziehen sich daher ganz zurück und meiden Kontakte. Von jedem Kontakt könnte – so ihre Befürchtung – eine Bedrohung ausgehen.

Diesen Menschen kann man behutsam **Unterstützung und Begleitung anbieten**, damit sie auf andere zugehen können. Vorsichtig kann man sie einladen, sich an Gesprächen oder Aktivitäten zu beteiligen. Wichtig ist dabei aber immer, dass sie das Tempo bestimmen!

Ein Teil der Jugendlichen verhält sich auffällig unruhig und aufgekratzt. Für diese Personen ist **Bewegung und Sport** oft eine gute Möglichkeit, innere Spannungszustände abzubauen.

Unabhängig davon, wie diese Gefühle sich äußern, sie sind von den Pädagogen immer ernst zu nehmen. Auch wenn es für einen Außenstehenden evtl. nicht nachvollziehbar ist, ist das Gefühl beim Kind oder Jugendlichen real vorhanden und bestimmt dessen Wohlbefinden.

Aussagen wie: „Du brauchst keine Angst mehr haben" sind vielleicht gut gemeint, werden dem Kind/Jugendlichen mit seinen Empfindungen aber nicht gerecht. Durch einen Ratschlag verändert sich kein Gefühl. Es signalisiert eher: „Ich verstehe dich nicht!" oder „So wie du bist, bist du nicht richtig.".

Ein zielführendes Motto kann hier sein: **„Kommt ein Gefühl, dann halte still und frag, was es will."** Im Gespräch mit dem Jugendlichen gemeinsam nach dem Sinn (und dem „Wofür?") des Gefühls zu fragen, ist in der Regel konstruktiver als die Emotion infrage zu stellen.

Dass Gefühle individuell *immer* richtig sind, gilt natürlich auch außerhalb traumatischer Erfahrungen. Die Forschung geht heute davon aus, dass es sowieso nicht *die* Wirklichkeit gibt und damit auch nicht die „richtigen" Gefühle in einer Situation. Vielmehr sieht jeder Mensch die Welt aus seiner eigenen Perspektive heraus. Alles, was er wahrnimmt, wird in das individuelle Netz vorheriger Wahrnehmungen und Erwartungen eingebaut, damit verknüpft und bewertet, und so wird eine individuelle Wirklichkeit konstruiert. Da jeder Mensch individuell unterschiedliche Vorerfahrungen hat, wird ein Ereignis von jedem anders aufgenommen, verknüpft und bewertet (Konstruktivismus). Das bewirkt, dass Person A Dinge als *die* Realität wahrnimmt, während Person B eine ganz andere „Wirklichkeit" aus derselben

Situation herstellt. Was für eine Person also „wirklich" ist, das stellt sie in ihrem Kopf selbst her (vgl. Metschies/Gerhards, 2018, S. 20). Traumatisierte Menschen konstruieren sich aufgrund ihrer Vorerfahrungen häufig eine Welt voller Gefahren und Bedrohungen. Alle neuen Erfahrungen werden dann entsprechend dem Weltbild gedeutet und erlebt und als real bewertet.

Hat ein Jugendlicher z. B. über lange Zeit die Erfahrung gemacht, von Erwachsenen gedemütigt und beschämt zu werden, erlebt er vielleicht einen Hinweis auf eine Regel durch eine Betreuerin der Wohngruppe auch schon demütigend. Und damit bestätigt sich auch in seinem inneren Weltbild wieder seine These: Erwachsene demütigen Jugendliche.

Grundsätzlich neigen Menschen dazu, immer wieder nach Bestätigung für ihr aktuelles Bild von der Welt zu suchen. Manchmal machen sie jedoch Erfahrungen, die sich in das alte Schema nicht einordnen lassen und die es nötig und möglich machen, das eigene Bild von der Welt zu verändern. So machen die jungen Menschen in der Wohngruppe häufig neue Beziehungserfahrungen, die von Wohlwollen, Akzeptanz und Vertrauen geprägt sind. Diese neuen Beziehungen werden oft aber erst mal auf die Probe gestellt. Die Jugendlichen zeigen dann mitunter provozierendes Verhalten, um zu testen, ob die neuen Beziehungen wirklich positiv oder doch ähnlich schädigend sind wie die alten.

Zwei Beziehungstests zeigen sich in der Arbeit mit jungen Flüchtlingen besonders häufig:
1. Der Übertragungstest
2. Der Täter-Opfer-Test

Der Übertragungstest

Beim Übertragungstest verhalten die Kinder und Jugendlichen sich zunächst ähnlich, wie es in der Vergangenheit sinnvoll war. Ein Kind/Jugendlicher hatte zu Hause vielleicht sehr strenge Eltern, denen er sich ständig unterordnen musste. Widerspruch war nicht erlaubt. Anpassung war unbedingt erforderlich. Auf der Flucht musste er dann uneingeschränkt dem folgen, was die Schlepper sagten. Seine eigenen Bedürfnisse waren irrelevant. Gehorsam war überlebenswichtig.

In der neuen pädagogischen Beziehung verhält er sich dann zunächst wahrscheinlich auch seinen früheren Erfahrungen entsprechend angepasst. Eigene Wünsche werden nicht geäußert. Er ordnet sich unter, trifft keine eigenen Entscheidungen.

Im Laufe der Zeit zeigt er aber immer wieder unangepasstes Verhalten. Er hält z. B. Verabredungen nicht ein, vergisst Termine usw.

Mit diesem Verhalten versucht er vielleicht herauszufinden, wie die neue Bezugsperson mit Regelverletzungen umgeht. Folgt eine Strafe? Ist er trotzdem noch willkommen? (vgl. Mogk, 2016, S. 65).

Um alte Schemata aufzubrechen und neue Beziehungsangebote zu gestalten, ist es wichtig, diese **Test-Situationen zu erkennen**. Erlebt ein Pädagoge das Verhalten als eine Handlung, mit der der Jugendliche sich der neuen Situation vergewissern will, wird er anders reagieren, als wenn er das Verhalten als reine Provokation wertet. Erkennt er, dass es um ein Austesten geht, ist es wichtig, weiterhin absolute Wertschätzung zu zeigen und zu signalisieren, dass das Beziehungsangebot weiterhin besteht.

Trotzdem kann es nötig sein, darauf hinzuweisen, dass der Jugendliche/das Kind durch sein Verhalten ggf. einen Schaden angerichtet hat. Gelingt diese Klärung auf sachlicher Ebene, ohne dass die Beziehung dadurch bedroht ist, kann die alte Beziehungserfahrung korrigiert werden. Nimmt der Jugendliche/das Kind wiederholt wahr, trotz manchmal unerwünschtem Verhalten willkommen zu sein und wertgeschätzt zu werden, so werden auch diese Erfahrungen in das individuelle Netz von Beziehungserfahrungen eingebaut und es verändert sich dadurch.

Der Täter-Opfer-Test

Hierbei wiederholt der Jugendliche/das Kind die erlebten Interaktionsmuster in umgekehrten Rollen. War er selbst oft das Opfer und Erwachsene erwiesen sich als Täter, so dreht er nun die Rollen um. Hat er erlebt, dass er oftmals beschämt und erniedrigt wurde, so versucht er, in der neuen Beziehung derjenige zu sein, der sein Gegenüber beschimpft und beschämt. Für ihn selbst ist es ein Versuch, die eigenen Erfahrungen von Hilflosigkeit zu korrigieren. Gleichzeitig erfährt er, wie die neue Bindungsperson mit diesem Verhalten umgeht.

Menschlich wäre es sehr verständlich, wenn ein Pädagoge sich von einem solchen Jugendlichen/Kind distanziert. Versteht er jedoch dieses Verhalten als Test, so kann er sich mit dessen Motiven auseinandersetzen. Im hier angenommenen Fall ist das Bedürfnis nach Selbstwerterhaltung und der Wunsch nach Kontrolle beim Jugendlichen nicht befriedigt.

Auch hier gilt es also wieder, nach dem wertschätzbaren Bedürfnis zu fragen, das hinter dem Verhalten steht.

Ist dieses erkannt, so kann der Pädagoge versuchen, die Bedürfnisse feinfühlig zu beantworten, ohne dabei zum Opfer zu werden.

Dazu wird es nötig sein, abwertendem oder aggressivem Verhalten Grenzen zu setzen. Dies sollte aber auf eine Weise passieren, dass Selbstwert und Kontrolle des jungen Menschen nicht verletzt werden. Im Gegenteil, beides soll ja gestärkt werden.

Hilfreich ist im Gespräch ein ruhiges und sicheres Auftreten des Pädagogen. Der Jugendliche/das Kind kann zunächst nach seinen **Gründen** für das konkrete, nicht akzeptierbare Verhalten gefragt werden. Vielleicht kann er dies selber nicht erklären. Aber er erlebt: „Ich werde gefragt!" Das Fragen signalisiert ihm, dass seine Gründe, seine Meinungen wichtig sind, dass er gesehen wird.

Weiter kann dem Kind/Jugendlichen mit **Psychoedukation** begegnet werden. D.h., der Pädagoge erklärt dem Jugendlichen das eigene Erleben. Hier können Aussagen wie: „Viele Jugendliche, die hierher kommen, berichten von ganz schweren Situationen, die sie erlebt haben. Manche leiden unter starken Albträumen, manche werden ganz wütend… Es ist normal, dass du dich so fühlst." Auf diese Art und Weise wird dem Kind/Jugendlichen das eigene Erleben erklärbar und er ist seinen eigenen Empfindungen nicht mehr so ohnmächtig ausgeliefert. Das Verstehen der eigenen Emotionen trägt zur Orientierung bei. Außerdem signalisiert der Pädagoge: „Deine Empfindungen sind angemessen!" Das ist dann besonders wichtig, wenn der Jugendliche/das Kind fürchtet, er/es sei nicht „normal". Die Erklärung des Pädagogen kann zur Stärkung des Selbstwerts beitragen und ein Gefühl von mehr Kontrolle und Sicherheit erzeugen, ohne dass der Pädagoge sich zum Opfer machen lässt.

(Vgl. Mogk, 2016, S. 68 ff.)

Veränderung der Körperwahrnehmung

Menschen, die in Stresssituationen häufig dissoziiert haben, müssen z.T. auch wieder Sicherheit im Umgang mit ihrem eigenen Körper gewinnen. Manchmal ist eine Konzentration auf konkrete Sinneswahrnehmungen sinnvoll. So haben manche Menschen kein Hungergefühl mehr und damit ist ihnen auch der Impuls zur gesunden Nahrungsaufnahme verloren gegangen. Andere haben durch Daueranspannungen Schmerzempfindungen oder herabgesetzte Körperempfindungen entwickelt. Es fehlt also das grundlegende Gefühl für die eigenen Bedürfnisse und damit der natürliche Mechanismus, dass der Körper signalisiert, was er braucht. Hier können Übungen, die die Aufmerksamkeit auf bestimmte Körperteile lenken, hilfreich sein.

Zur Unterstützung der Körperwahrnehmung können auch **sensomotorische Übungen** (z.B. Tastkästen, Barfußpfad) oder Übungen zu Standfestigkeit und Gleichgewicht sinnvoll sein.

Angebote im kreativen Bereich, Arbeit mit Ton, Speckstein oder Holz haben ebenfalls oft positive Auswirkungen.

Regelmäßiger **Sport**, sofern er mit Erfolgserlebnissen verbunden ist, zeigt überdies einen positiven Effekt auf das Selbstkonzept (vgl. Hoffmann/Schlicht, 2006 zitiert nach Drengner, 2013, S. 135).

Anleitung für eine Aufmerksamkeitsübung

1. Nimm dir mehrmals am Tag ein paar Sekunden Zeit, um deinen Körper bewusst wahrzunehmen.

2. Spüre, was du wahrnimmst:
   - Verspannungen?
   - Schmerzen?
   - Kribbeln?
   - Wärme?
   - Kälte?
   - Zittern?
   - Kraft?
   - Schwäche?
   - …

3. Bleibe einen Moment bei dieser Wahrnehmung.

4. Lasse sie zu, ohne sie zu bewerten oder zu verdrängen.

5. Akzeptiere alles, was kommt, so, wie es ist.

Ein spezielles körperorientiertes Angebot für traumatisierte Menschen ist das **TRE** (Tension and Trauma Releasing Exercises).

Es handelt sich bei **TRE** um eine Übungsreihe, die der Körpertherapeut David Berceli speziell für traumatisierte Menschen entwickelt hat. Grundannahme der Trauma-Entspannungsübungen ist, dass jeder Mensch die natürliche Fähigkeit besitzt, bei erlebten Traumata Selbstheilungskräfte zu aktivieren.

Im Kern geht es bei den Übungen darum, das sogenannte „neuronale Zittern" zu (re-)aktivieren und dessen heilsame Wirkung zu nutzen. Das neuronale Zittern kennt im Grunde jeder. Gemeint ist das unwillkürliche, in Augenblicken stärkster Angst oder Erregung auftretende Zittern. Bei den Trauma-Entspannungsübungen nach dem Konzept von Berceli wird der Körper quasi „eingeladen", dieses unwillkürliche autonome Zittern zu aktivieren. Das TRE-Konzept hat einen für junge Flüchtlinge bedeutsamen Vorteil gegenüber klassischen psychotherapeutischen Therapieverfahren: Um die TRE-Übungsreihe unter Anleitung eines ausgebildeten Trainers zu erlernen, braucht es keine fortgeschrittenen Sprachkenntnisse.

Es gibt auch in Deutschland inzwischen zahlreiche TRE-Therapeuten. Eine entsprechende Liste ist auf der Internetseite des NIBA (Norddeutschen Instituts für Bioenergetische Analyse e.V.) zu finden.

Viele traumatisiere Menschen beschreiben schon nach den ersten Übungseinheiten eine Symptomverbesserung und sind dadurch motiviert, regelmäßig (auch allein) weiterzuüben.

Eine gründliche Einweisung durch einen qualifizierten TRE-Therapeuten ist in jedem Fall sinnvoll und notwendig.

Veränderungen des Denkens

Wie oben schon erwähnt, entlastet die Seele den Menschen manchmal in extremen Belastungssituationen, indem er dissoziiert. D.h., der Mensch nimmt das äußere Geschehen nicht mehr wahr und hat den Blick ausschließlich auf sein Inneres gerichtet. Das Äußere wird abgespalten. In der Erinnerung bleiben dann auch oft nur Fragmente. Der traumatisierende Vorgang als Ganzes wird nicht erinnert. Diese **Erinnerungsfetzen** können zentrale Bestandteile der Traumatisierung beinhalten, z. B. das Bild von einem Messer, das einem an den Hals gehalten wurde, oder es kann sich eher auf Nebensächlichkeiten beziehen, z. B. die Farbe des T-Shirts der bedrohenden Person. Jeder dieser Erinnerungsfetzen kann dann wieder Trigger für das erlebte Grauen werden. Die traumatische Situation wird mit allen Gefühlen und Verhaltensweisen neu durchlebt. Zu den Verhaltensweisen gehören dann Kampf (schreien, Angriffe, Sachbeschädigungen), Flucht (weglaufen, sich zurückziehen) oder Erstarrung (Bewegungslosigkeit, Weinkrämpfe).

Dadurch, dass das Erlebnis nicht als ganze Geschichte abgespeichert wurde, hat sie auch keinen Anfang und kein Ende und sie ist auch nicht einem bestimmten Ort zuzuordnen. Vielmehr ist das Grauen latent immer präsent und kann zu jeder Zeit und an jedem Ort wieder auftauchen. Da einzelne Aspekte der traumatischen Erfahrung nicht erinnert und nicht ausgesprochen werden können, können sie auch nur schwer ausgedrückt und bearbeitet werden (vgl. Baierl, 2014, S. 34).

Diese **mangelnde Erinnerungsfähigkeit** kann traumatisierten Flüchtlingen aber auch auf einer anderen Ebene zum Verhängnis werden. Stellen sie einen Antrag auf Asyl, wird eine detaillierte Beschreibung ihrer lebensbedrohlichen Erfahrungen gefordert.

In einem Ablehnungsbescheid eines Asylantrags eines minderjährigen Flüchtlings heißt es:

„Die Glaubhaftmachung setzt, entsprechend der Mitwirkungspflicht im Asylverfahren, einen schlüssigen Sachvortrag voraus, d. h. unter Angaben genauer Einzelheiten muss der Ausländer einen in sich stimmigen Sachvortrag schildern, aus dem sich bei Wahrunterstellung und verständiger Würdigung die Gefahr mit beachtlicher Wahrscheinlichkeit gibt. Hierzu gehören die lückenlose Schilderung der in seine eigene Sphäre fallenden Ereignisse insbesondere der persönlichen Ereignisse (…). Die wahrheitsgemäße Schilderung eines realen Vorgangs ist dabei erfahrungsgemäß gekennzeichnet durch Korrektheit, Anschaulichkeit und Detailreichtum" (Bundesamt für Migration und Flüchtlinge, 2017, S. 4).

Damit eine traumatische Erfahrung als solche anerkannt wird, wird also auf rechtlicher Ebene eine anschauliche und detailreiche Schilderung der Situation erwartet. Dabei ist auf psychologischer Ebene ein Trauma gerade dadurch gekennzeichnet, dass es dissoziative Zustände hervorrufen kann und eben diese geforderte Schilderung *nicht* möglich ist.

Veränderungen des Fühlens

Traumatisierte Kinder und Jugendliche leiden häufig unter einer Vielzahl von emotionalen Veränderungen. Über Trigger entstehen immer wieder Gefühle, die nicht vorhersehbar und der aktuellen Situation nicht entsprechend sind. Dabei fallen manche ganz oder teilweise in frühere Entwicklungsstadien zurück. D. h., sie sind vielleicht 14 Jahre alt, befinden sich jedoch in der Bedürfniswelt eines 5-Jährigen. Bei anderen stoppte die emotionale Entwicklung mit der Traumatisierung (vgl. Baierl, 2014, S. 34).

Ein häufiges Gefühl ist das der **Hilflosigkeit**.

Eine traumatisierende Situation ist durch Hilflosigkeit gekennzeichnet, durch das Gefühl, der Gewalt anderer ohnmächtig ausgeliefert zu sein. Niemand hat in dieser bedrohlichen Situation geholfen, niemand gab Schutz. In Deutschland angekommen, bleibt oft das Gefühl von Hilflosigkeit. Wem kann man trauen? Wie wird es weitergehen? Und was passiert, wenn man die Hilflosigkeit offen zeigt?

Insbesondere junge Männer verbieten es sich aus einem Verständnis von Ehre und aus einem Schamgefühl heraus, um Hilfe zu bitten.

> Auch hier sollten die Kinder und Jugendlichen die Erfahrung machen können, dass sie geachtet und respektiert werden, wenn sie Hilfsbedürftigkeit zeigen. Hilfe zu erbitten, darf keinerlei beschämende oder herabwürdigende Folgen haben. Zudem kann die pädagogische Fachkraft vorleben, dass man um Hilfe bitten kann. Sie selbst kann offen jemand anderen um Hilfe bitten.

Es gibt aber auch Menschen, die **Hilfe sehr stark einfordern**, und zwar so, dass es manchmal unverschämt wirkt.

Immer wieder berichten z. B. Ehrenamtliche aus Kleiderkammern, dass manche Flüchtlinge sich mit unnötig großen Mengen an Kleidung eindeckten und die Bereitschaft fehle, auch nur einen kleinen finanziellen Beitrag zu leisten. Auf der Suche nach Erklärungen dafür wird manchmal vermutet, dass eine Ursache darin liegen könne, dass die Flüchtlinge mit völlig falschen Erwartungen hierher kämen. Sie seien überzeugt, in Deutschland „liege das Geld auf der Straße", Leistungen seien ohne Gegenleistung zu bekommen.

Eine andere Erklärung könnte sein, dass Flüchtlinge ihr Leben über lange Zeit nur sichern konnten, wenn sie ganz darauf gerichtet waren, ihre eigenen Interessen zu verfolgen. Ein extremer Egoismus war also notwendige Überlebensstrategie. Vermutlich ist es nicht leicht, solche Erfahrungen nicht mehr zur Grundlage des eigenen Handelns zu machen. So wird auch hier in Deutschland gelegentlich ein Verhalten gezeigt, dass als unangemessen oder unverschämt gilt.

Auch hier gilt es wieder, über neue Erfahrungen umzulernen. In diesem Fall kann das bedeuten, transparente Regeln für Hilfestellungen zu schaffen und diese konsequent einzuhalten.

Veränderungen des Handelns

Auch unser Handeln richtet sich danach, wie wir die Wirklichkeit wahrnehmen. Wie oben bereits dargelegt, lässt sich die wahrgenommene Wirklichkeit vieler traumatisierter Menschen mit Aussagen wie: „Überall lauert Gefahr!", „Ich bin ohnmächtig ausgeliefert!" oder „Ich kann keinem Menschen trauen!" gut beschreiben. Dementsprechend handeln die betroffenen Menschen. Sie sind z. B. misstrauisch, auch den Erziehern ihrer Wohngruppe gegenüber. Sie verzichten vielleicht darauf, Beziehungen zu anderen einzugehen, obwohl sie sich die andererseits so sehr wünschen, und vermeiden Situationen, die ihrer Meinung nach Gefahr in sich bergen.

Ein solcher, in lebensbedrohlichen Situationen zweckdienlicher Mechanismus kann das **Manipulieren anderer Personen** sein. Menschen, die wiederholt traumatische Erfahrungen machen mussten, haben häufig eine außergewöhnliche Beobachtungsfähigkeit ausgebildet. Um sich möglichst rechtzeitig einer Gefahr zu entziehen, war es nötig, die Umgebung genau zu beobachten und jedes Anzeichen von Bedrohung frühzeitig zu erkennen, um, wenn möglich, zu flüchten oder selbst anzugreifen. Genaues Beobachten kann aber auch schon eingesetzt werden, um eine Gefahr im Vorfeld abzuwenden. Wer beobachtet hat, wann ein Mensch sich freut, wann er sich ärgert, worauf er wohlwollend reagiert, worauf ablehnend, kann dieses Wissen nutzen, um den anderen wohlwollend zu stimmen, sodass von ihm keine Gefahr mehr ausgeht. Die Beobachtung wird also benutzt, um den anderen zum eigenen Wohl zu manipulieren. In vielen Gefahrensituationen kann dies eine (über)lebenswichtige Strategie sein. Im zwischenmenschlichen Rahmen (zumindest unseres Kulturkreises) werden Manipulationsversuche, z. B. durch Lügen, eher negativ gewertet und stehen einem vertrauensvollen Beziehungsaufbau im Wege.

In der pädagogischen Arbeit mit traumatisierten Menschen ist es daher wichtig, zu fragen, ob ein Mensch manipulatives Verhalten zeigt, um eine für ihn notwendige Kontrolle über eine Situation zu erlangen. Oder kann er auf diesem Wege Stress reduzieren? Dienen seine Lügen vielleicht auch dazu, seine Minderwertigkeitsgefühle abzumildern?

Unter dieser Perspektive kann das Verhalten dann anders gewertet werden und eröffnet Wege, die zu einer Wandlung dissozialer Strategien beitragen können.

Unauffällig sein

Besonders in den ersten Wochen und Monaten nach der Aufnahme in eine Wohngruppe erscheinen die traumatisierten Jugendlichen jedoch zunächst einmal „auffällig unauffällig". Anfangs zeigen sie sehr wenig oder gar keine der posttraumatischen Symptome. In dieser Zeit ist es sehr schwer, eine Aussage über eine mögliche Traumatisierung der Jugendlichen zu treffen.

Vielmehr zeigen sie sich bemüht, sich den neuen Lebensbedingungen und den Erwartungen an sie anzupassen. Dies geschieht oft scheinbar leicht und konfliktlos. Oberflächlich betrachtet könnte man den Eindruck bekommen, das Kind/der Jugendliche hätte sich schnell eingelebt. Das ist aber in der Regel nicht so.

Der junge Mensch ist einer gänzlich neuen, unbekannten Situation ausgesetzt. Die Situation ist ihm fremd und er ist unsicher, wie er sich darin zu verhalten hat. Zudem weiß er, dass sein Aufenthaltsstatus nicht gesichert ist, sodass auch da die Sorge groß ist, diesen durch falsches Verhalten und falsche Aussagen weiter zu gefährden. Er ist somit in einer nicht durchschaubaren Situation, in der er nicht weiß, welches Verhalten ihm nützt und welches ihm schadet. Daher versucht er zunächst einmal, das Geschehen gut zu beobachten und sich anzupassen und möglichst so zu verhalten, wie er glaubt, dass es von ihm erwartet würde. Diese Strategie hat sich i. d. R. auch schon auf der Flucht bewährt.
Dort war es überlebenswichtig, nicht aufzufallen, nicht bemerkt zu werden, unsichtbar zu sein. Diese Überlebensstrategien wirken noch weiter.

Erst wenn Geflüchtete Sicherheit in ihrer neuen Umgebung spüren, können sie auch die Folgen ihrer traumatischen Erlebnisse zeigen. Manchmal beginnt diese Phase der Öffnung mit regressivem Verhalten. D.h., die Jugendlichen fallen zunächst in frühere Entwicklungsstufen zurück.

> Von den Betreuern benötigen die Kinder und Jugendlichen in dieser Phase unbedingte Akzeptanz und ein Höchstmaß an Sicherheit.

Regression

Regression bedeutet: Zurückfallen in kindliche Verhaltensmuster.
Zeitweise kindlich ausgelassen zu sein und nicht an Anforderungen und Verantwortungen zu denken, kann entspannend wirken und guttun. Bei Menschen mit traumatischen Erfahrungen treten jedoch vermehrt regressive Verhaltensweisen auf. Dies ist ein Selbstschutzmechanismus, der signalisiert: „Ich kann nicht, ihr müsst mir helfen, kümmert euch bitte um mich."

Regression dient in diesem Fall also dazu, Anforderungen, Überforderungen, Frustrationen oder die Auseinandersetzung mit bedrohlichen Erfahrungen auszuweichen. Der Rückfall in frühere Entwicklungsstadien erfolgt dabei meist unbewusst.

Der Hauptnutzen der Regression liegt in der vorübergehenden Entlastung, die sich die Betroffenen damit verschaffen. Wer klein und schwach ist, kann oft wenigstens vorübergehend auf Mitgefühl, Schonung und Unterstützung hoffen.

Auch unbegleitete minderjährige Flüchtlinge zeigen mitunter regressives Verhalten. Sie nässen wieder ein, beherrschen Fähigkeiten nicht mehr, die sie bereits erworben hatten, usw. Auch Wutattacken oder Schweigen können eine Form von Regression sein.

> Für die pädagogischen Kräfte ist es wichtig, die Bedeutung dieser Verhaltensweisen zu kennen und den Ruf nach Hilfe wahrzunehmen. Ob pädagogische Arbeit eine ausreichende Hilfe ist oder ob Therapie erforderlich ist, ist im Einzelfall zu prüfen.

Wohngruppe Rupert-Neudeck-Straße

*Am Beispiel **Salem** werden mögliche Folgen traumatischer Erlebnisse und die entsprechenden Trigger deutlich:*
Er war Bedrohungen für Leib und Leben ausgesetzt. In seinen Träumen entstehen immer wieder Bilder der bedrohlichen Situationen. Als Folge davon wird er insbesondere nachts unruhig und kann nicht schlafen. Seine Angst scheint tief verwurzelt. Menschenansammlungen oder das Geräusch eines Martinshorns scheinen Trigger zu sein, die die (Todes-)Angst schnell aktivieren. Die beobachtbaren Symptome deuten auf eine PTBS (Posttraumatische Belastungsstörung) hin, die psychotherapeutisch behandelt werden sollte.

***Ahmets** auffälliger Widerstand gegenüber Regeln und Vorschriften kann ein Hinweis darauf sein, dass solche Anforderungen bei ihm ein Trigger für Ohnmachtsgefühle sind, die er reflexhaft abwehren muss.*

*Auch in **Amadous** Biografie gibt es Lebensereignisse, die mit großer Wahrscheinlichkeit ein Trauma ausgelöst haben. Die beschriebenen Verlust- und Todesängste sind typische Auswirkungen solcher Traumaerfahrungen.*
Eine traumatherapeutische Behandlung scheint hier sinnvoll. Wie viele andere Jugendliche lehnt Amadou das aber für sich ab. Eine Erklärung für die allgemein große Skepsis gegen Psychotherapie kann darin begründet sein, dass diese in den Herkunftsländer sehr negativ besetzt ist. Außerdem zeigt sich in therapeutischen Gesprächen nicht unbedingt unmittelbar ein Erfolg, sodass viele Jugendliche den Sinn einer solchen Behandlung nicht erkennen. Dies ist auch bei Amadou der Fall. Ob er dennoch für eine Therapie gewonnen werden kann oder ob hier für die Betreuer (zunächst) eine Grenze erreicht ist, mit der alle Beteiligten umgehen müssen, muss sich zeigen.
Im pädagogischen Alltag gilt es, den traumatisieren Jugendlichen so viel Sicherheit wie möglich zu geben. Daneben gelten Körper- und Selbstwirksamkeitserfahrungen als wichtige Bausteine auf dem Weg zur Heilung. Zudem gilt es, wo immer möglich, die Resilienz zu fördern und Trauerprozesse zu begleiten.

4.4   Den Alltag in der Wohngruppe gestalten

In der Jugendwohngruppe werden die Jugendlichen unterstützt,
- in lebenspraktischen Bereichen alleine zurechtzukommen. Sie sollen lernen, sich richtig zu ernähren, zu pflegen, mit Geld umzugehen, Hausarbeiten zu erledigen usw.
- vertrauensvolle Beziehungen aufzubauen und zu gestalten. Dies umfasst z. B. Beziehungen zu Erwachsenen oder zu Peers oder Paarbeziehungen.
- Schule und Berufsausbildung selbstverantwortlich zu gestalten. Dabei gilt es, die eignen Interessen und Kompetenzen kennenzulernen und angemessen zu verfolgen.
- emotionale und soziale Probleme zu bewältigen. Dazu gehört neben Aspekten wie Rücksicht zu nehmen, sich an Regeln zu halten, eigene Bedürfnisse angemessen zu formulieren, Rückschläge zu verkraften, Gefühle wahrzunehmen und angemessen zu zeigen (vgl. Küls u. a., 2006, S. 96 f.) auch, die speziellen Belastungen, die die Kinder/Jugendlichen empfinden, zu erkennen und zu mindern.

4.4.1   Belastungen der Kinder/Jugendlichen entgegenwirken

Um festzustellen, welche Umstände das alltägliche Leben der Jugendlichen am meisten beeinträchtigen, führte der Bundesfachverband unbegleitete minderjährige Flüchtlinge Ende 2017 eine bundesweite anonyme Online-Befragung unter Fachkräften der Kinder- und Jugendhilfe durch (vgl. Bundesfachverband unbegleitete minderjährige Flüchtlinge, 2017, S. 13 ff.). Die Fachkräfte wurden befragt, worunter die jungen Geflüchteten leiden.

Nach Angaben der Befragten beeinträchtigen **aufenthaltsrechtliche Unsicherheiten** das Alltagsleben der jungen Geflüchteten am häufigsten. 95 % aller Befragten gaben eine sehr häufige Beeinträchtigung durch die aufenthaltsrechtliche Situation an. Die Angst vor der Zukunft stellt nach 88 % der Angaben eine (sehr) häufige Belastung der Jugendlichen dar.

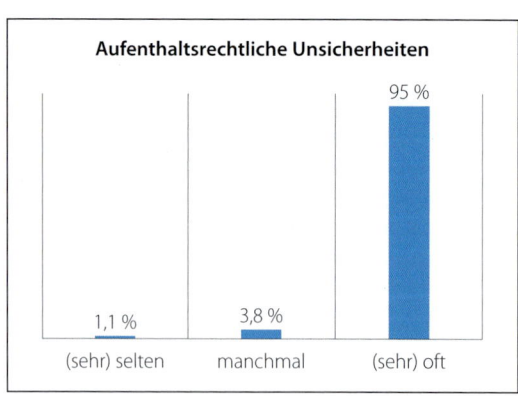

Die Trennung von der Familie bringt nach Angaben von über 90 % der Befragten eine bedeutsame Belastung für die Jugendlichen mit sich, die den Alltag der geflüchteten Jugendlichen deutlich beeinträchtigt. Hinzu kommen die Sorge um die Familie bzw. die allgemeine Situation im Herkunftsland sowie die Folgen der Flucht. Laut 78 % der Befragten beeinträchtigt dies den Alltag der Jugendlichen sehr (vgl. a.a.O.).

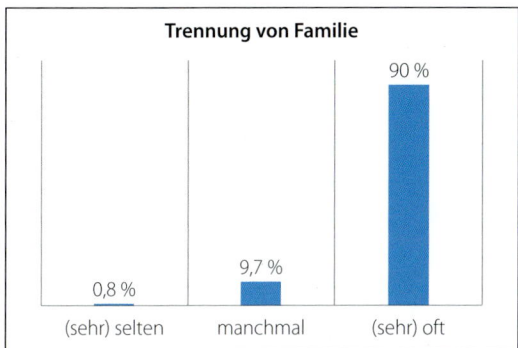

Trennung von Familie

Hohe schulische Anforderungen sind laut knapp zwei Drittel der Befragten zwar im Alltag eine häufige Beeinträchtigung für die Jugendlichen, ein Drittel sieht sich jedoch eher gelegentlichen oder seltenen Belastungen durch schulische Anforderungen ausgesetzt. Dies lässt sich u.a. damit erklären, dass die schulische Situation und die damit verbundenen Anforderungen an die jungen Menschen von Bundesland zu Bundesland sehr unterschiedlich sind (vgl. a.a.O.).

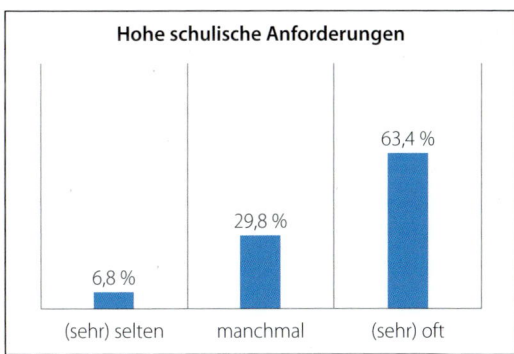

Hohe schulische Anforderungen

Konflikte innerhalb der Jugendhilfeeinrichtung stellen für knapp 50 % der Befragten eine Belastung für das Alltagsleben der Jugendlichen dar. Für 23 % der Befragten ist dies sogar häufig der Fall, 28 % sehen dieses seltener.

Die Erhebung differenziert allerdings nicht zwischen Konflikten zwischen Fachkräften und Bewohnern/Bewohnerinnen, Konflikten der Jugendlichen untereinander oder etwa einem konflikthaften Verhältnis zu Regelwerken der Jugendhilfe bzw. den jeweiligen Einrichtungsstrukturen (vgl. a.a.O.). Die Angaben sind daher nur bedingt aussagekräftig.

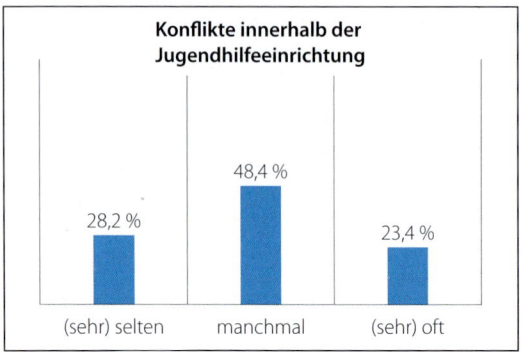

Fehlende Sozialkontakte sind nach Einschätzung von 27% der befragten Fachkräfte ein häufig auftretendes Problem im Alltag junger unbegleiteter Flüchtlinge. Rund 40% gaben an, dass dies gelegentlich problematisch sei (vgl. a.a.O.).

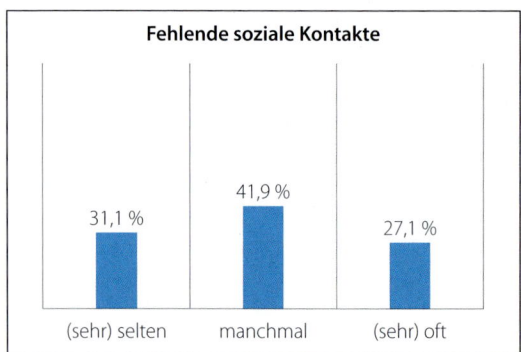

Erfahrungen mit bzw. von Rassismus stellen nach Angaben von rund 30% der Befragten eine sehr häufige Alltagsbeeinträchtigung für die Jugendlichen dar, rund 50% der Befragten geben an, dass Rassismus manchmal eine Belastung im Alltag darstellt.

Insgesamt gaben alle Befragten eine hohe gelegentliche Beeinträchtigung des alltäglichen Lebens der Jugendlichen durch Rassismuserfahrungen an. Dabei lassen sich zwischen den „alten" und „neuen" Bundesländern keine gravierenden Unterschiede feststellen. Dass Jugendliche (sehr) oft durch Erfahrungen mit Rassismus beeinträchtigt werden, geben Befragte aus den „neuen" Bundesländern mit rund 34% lediglich etwas häufiger an als Befragte aus den „alten" Bundesländern (rund 27%). Bei allen Aussagen zu rassistischem Erleben kann davon ausgegangen werden, dass die Jugendlichen nicht immer mit den Fachkräften sprechen, wenn sie

Rassismus und Diskriminierung erfahren haben. Die tatsächliche Beeinträchtigung kann also höher liegen als hier angegeben.

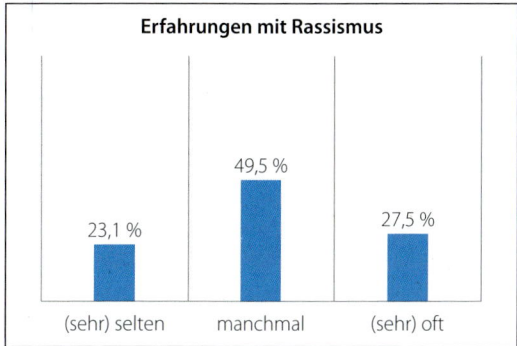

Auf all diese Belastungssituationen müssen die Pädagogen im Alltag eine Antwort finden. Dies stellt sie häufig vor große Herausforderungen.

> Ein erster hilfreicher Schritt ist, die Probleme zunächst erst mal zu sehen, sie anzuerkennen. Auch wenn es keine einfache Lösung gibt, so kann der Pädagoge dennoch signalisieren: „Ich erkenne deine Sorge und deine Gefühle an. Sie sind berechtigt." So kann der Jugendliche sich verstanden fühlen und bezogen auf seine eigene Wahrnehmung sicherer werden.

Bezogen auf die Belastungen durch den unsicheren Aufenthaltsstatus und die damit verbundene Angst vor der Zukunft können die Pädagogen nur begrenzt helfen. Sie können den Kindern/Jugendlichen die erhoffte Sicherheit nicht geben.

> Was die Fachkräfte aber tun können und sollten, ist, auf realistische Möglichkeiten hinzuweisen, ohne beschönigend zu wirken (z. B. darauf hinweisen, dass es möglich ist, über den Vormund Widerspruch gegen einen Ablehnungsbescheid einzulegen). Auch eine vorsichtige Vorbereitung auf die Anhörung im Asylverfahren kann hilfreich sein. Dabei ist es zwingend notwendig, sehr vorsichtig mit dem Geflüchteten umzugehen, um Re-Traumatisierungen zu vermeiden. Zu detailliert nachzufragen, könnte sehr belastend für das Kind/den Jugendlichen sein und ihn in seiner Entwicklung zurückwerfen. Andererseits kann aber gerade das Erinnern von Details im Asylverfahren bedeutsam sein. In dieser Situation muss der Pädagoge ein hohes Maß an Empathie entwickeln.

Rechtlich sind die Vormunde verpflichtet, die Minderjährigen im Asylverfahren zu begleiten. Tatsächlich spielt die Sorge um die Anerkennung im Asylverfahren aber in hohem Maße mit in das Alltagsgeschehen hinein, da es die Hauptsorge vieler Kinder und Jugendlicher ist.

> Auch bezogen auf die anderen genannten Belastungen gilt es, die Kinder/ Jugendlichen zu stärken, sodass sie lernen, mit diesen Belastungen zu leben, wenn diese nicht aus der Welt zu schaffen sind.

Die Bearbeitung dieser Probleme und der anderen genannten Anforderungen erfolgt weitgehend integriert in den Alltag. Alltagssituationen und -themen werden aufgegriffen und pädagogisch genutzt. Indem der Alltag mit all seinen Anforderungen gelebt wird, wächst der Jugendliche in eine geregelte Alltagsstruktur, indem ihm Aufgaben und Pflichten übertragen werden. So kann sich ein konstruktives Verantwortungsgefühl entwickeln. Indem er mit anderen und für andere etwas tut, entwickelt er tragfähige soziale Beziehungen. Langfristig gilt es, auf ein selbstständiges und eigenverantwortliches Leben hinzuwirken.

Der tägliche Tagesablauf wird also zum Übungsfeld für neue Verhaltensweisen und neben gesonderten Hilfemaßnahmen wird der Alltag zum Ort, an dem aktuelle Belastungen aufgefangen werden sollen. Durch die Reflexion des Verhaltens und die Auseinandersetzung mit alternativen Handlungsoptionen verändert sich die Wahrnehmung und es lassen sich neue persönliche Erfahrungen sammeln. Die professionelle pädagogische Begleitung unterstützt den Prozess, neue Erkenntnisse und Einstellungen zu gewinnen, neue Verhaltensweisen zu entwickeln und in die Anforderungen des fremden sozialen Umfelds hineinzuwachsen.

4.4.2 Individuelle Entwicklung, Integration und Alltags- bewältigung fördern

Neben der Minderung von Belastungen und der Entwicklung von Sozial- und Handlungskompetenz dienen die alltagspädagogischen Maßnahmen auch der Persönlichkeitsentwicklung. Individuelle Entwicklungsprozesse werden initiiert und Ressourcen aufgebaut. Zudem werden integrative Prozesse gefördert und die Bewältigung alltäglicher Anforderungen eingeübt.

Vor dem Hintergrund der Fluchterfahrungen ist es für die unbegleiteten minderjährigen Flüchtlinge ein meist besonders bedeutsames Ziel, **Bewältigungsstrategien für den Umgang mit Ohnmachtserleben** zu erlernen. Das Grundbedürfnis des Jugendlichen, sich auch in schwierigsten Situationen als „selbstwirksam" erleben zu können, soll und kann im pädagogischen Alltag konstant „im Blick" behalten werden.

Was bedeutet das nun konkret für die Gestaltung des Alltags mit unbegleiteten minderjährigen Flüchtlingen?

Aufnahme

Der Alltag in der pädagogischen Einrichtung beginnt mit der **Neuaufnahme**. Der Grundsatz „Für den ersten Eindruck gibt es keine zweite Chance!" gilt sicher auch in diesem Kontext und erinnert an die Bedeutung eines möglichst positiv erlebten Willkommensrituals.

Um die Ankunft eines Kindes/Jugendlichen in der Wohngruppe so zu gestalten, dass der junge Mensch sich dort willkommen fühlt, sollte darauf geachtet werden, dass eine Fachkraft da ist, die Zeit hat, sich ganz um den Ankömmling zu kümmern und ihm die ganze Aufmerksamkeit zu schenken.

Diese Aufmerksamkeit zeigt sich schon im ersten Blickkontakt, im Handschlag, im Nennen des eigenen Namens. Vielleicht kann der Betreuer auch ein „Willkommen" oder „Guten Tag" in der Landessprache des Ankommenden sprechen.

Das Zimmer sollte vorbereitet sein, das Bett bezogen, sodass dem Kind/Jugendlichen deutlich wird, dass die Gruppe auf ihn vorbereitet und er willkommen ist. Evtl. kann ein kleines Aufnahmegeschenk im Zimmer bereitstehen oder überreicht werden.

Auch der Kontakt zu den anderen Bewohnern der Gruppe kann evtl. rituell gestaltet werden. Eine Feier zur Neuaufnahme, bei der sich alle Mitbewohner vorstellen, kann helfen, Sicherheit zu vermitteln und ein Gefühl von „Hier bin ich gern gesehen!" entstehen zu lassen.

Menschen aus fremden Kulturen kommen z. T. mit anderen Werten und Normen und müssen unsere Wertorientierungen kennenlernen. Es ist die Aufgabe der pädagogischen Fachkräfte, diese im Alltag zu vermitteln.

Vermittlung von Werten und Normen

Eine besondere Bedeutung bei der Vermittlung der o. g. Werte kommt der Person der pädagogischen Fachkraft zu. Denn sie dient häufig als Verhaltens-Modell, an dem die Kinder und Jugendlichen lernen.

Werte sind Ideen oder Orientierungen, die vom Einzelnen, einer Gruppe oder innerhalb einer Gesellschaft oder Kultur für wichtig, gut und erstrebenswert angesehen, respektiert und gelebt werden. Dies sind z. B. Freiheit, Würde, Gerechtigkeit…

Normen sind konkrete Verhaltensvorschriften. Die Nichteinhaltung wird sanktioniert. So gilt z. B. bei uns die Norm, beim Essen nicht zu schmatzen. Wer es dennoch tut, riskiert empörte Blicke, eine Zurechtweisung usw. Die Einhaltung anderer Normen, z. B. das Halten vor einer roten Ampel, wird sogar mit staatlichen Mitteln erzwungen.

Lernen am Modell

Die Theorie des Lernens am Modell geht auf den Psychologen **Albert Bandura** zurück. Die Theorie besagt, dass Menschen u. a. lernen, indem sie das Verhalten anderer Menschen beobachten und übernehmen. Die anderen Menschen dienen also als Modell.

Aber nicht jeder Mensch wird als Modell angenommen. Es muss bestimmte Voraussetzungen geben, dass eine Person beobachtet und seine Verhaltensweisen übernommen werden.

So muss das Verhalten der beobachteten Person attraktiv erscheinen. Das ist der Fall, wenn ein solches Verhalten voraussichtlich die Bedürfnisse des Beobachters befriedigt und das Modell mit seinem Verhalten erfolgreich ist.

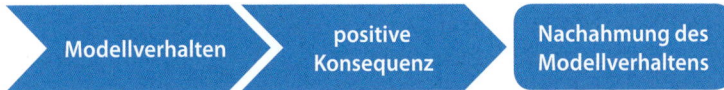

Die Attraktivität des Modells steigt, wenn es soziale Macht und hohes Ansehen genießt. Außerdem muss das Modell eine positive Beziehung zum Beobachter haben.

Lernen am Modell ist besonders dann ausgeprägt, wenn der Beobachter unsicher ist, ein geringes Selbstwertgefühl oder Angst hat.

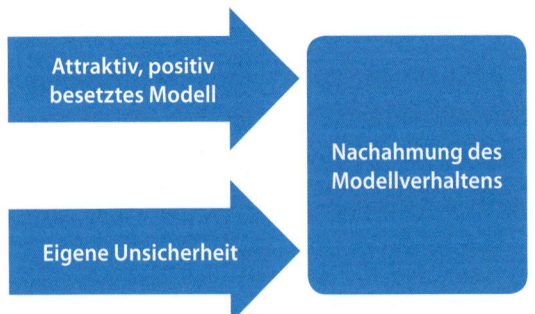

handwerk-technik.de

In der Situation großer Verunsicherung, in der viele unbegleitete minderjährige Flüchtlinge sich in der neuen Kultur befinden, kann die pädagogische Fachkraft schnell zum Modell werden, an dem die Kinder und Jugendlichen sich orientieren. Für die Fachkraft bedeutet das, dass sie die Verhaltensweisen und Werte selbst **vorleben** muss, die sie den Kindern und Jugendlichen vermitteln möchte

Solche Werte sind in unserer Kultur z. B.:
* Freiheit gewähren
* gerecht sein
* Toleranz zeigen
* Verantwortung übernehmen
* hilfsbereit sein
* fürsorglich sein
* zuverlässig sein
* und viele mehr

Im konkreten Verhalten zeigt sich dies, indem die Pädagogen:
* höflich miteinander und mit den Bewohnern der Gruppe sprechen,
* über niemanden Schlechtes verbreiten,
* einander ausreden lassen,
* nachfragen, um den anderen und sein Handeln zu verstehen,
* ihre eigenen Bedürfnisse einbringen, aber auch
* die Bedürfnisse der anderen erfragen und berücksichtigen,
* ihre eigenen Wünsche auch mal zurückstellen, wenn dies der ganzen Gruppe dient,
* sich gegenseitig nur dort einschränken, wo das für das gemeinsame Ziel nötig ist,
* das Eigentum anderer nicht ungefragt nutzen,
* beim Betreten eines Zimmers anklopfen,
* Aufgaben zuverlässig übernehmen,
* gemeinsam nach gerechten Lösungen suchen,
* eigenes Verhalten reflektieren und Fehler zugeben,
* eigene Wünsche äußern, statt anderen etwas vorwerfen,
* pünktlich kommen,
* sich an Verkehrsregeln halten,
* auf körperliche Gewalt, auch auf psychische Gewalt (z. B. jemanden unter Druck setzen, jemanden beschämen) verzichten,
* und vieles mehr

Werte praktizieren
Wertorientiertes Verhalten muss aber auch eingeübt werden. Dies geschieht zum einen im alltäglichen Umgang miteinander. Zum anderen können aber auch bewusst Situationen geschaffen werden, die sich als Übungsfeld für wertorientiertes Handeln anbieten.

„Hilfsbereitschaft, Dankbarkeit auszudrücken und auf andere Menschen zuzugehen, kann man genauso üben wie Hausaufgaben oder ein Instrument" (Weissbourd, 2014).

So können pädagogische Fachkräfte z. B.:
- Verantwortung übertragen, z. B. für tägliche Aufgaben im Haushalt,
- Engagement fordern und fördern, z. B. bei der Unterstützung neu Ankommender,
- auf Höflichkeit im Umgang miteinander bestehen,
- mit den Bewohnern bewusst über die Bedürfnisse und Gefühle anderer, dritter Personen sprechen,
- gemeinsame Aktivitäten zwischen Bewohnern aus verschiedenen Nationen fördern (z. B. gemeinsame Sportteams),
- mit den Kindern und Jugendlichen Techniken einüben, die man einsetzen kann, wenn man sehr wütend ist – z. B. ein paarmal ein- und ausatmen, bevor man in einer aufgewühlten Situation antwortet,
- Abendrunden organisieren, in denen die Bewohner aus ihren Herkunftsländern berichten können, Speisen und Spiele vorstellen
- und vieles mehr

Vermittlung alltagsrelevanten Wissens und Könnens

Auch alltagsrelevantes Wissen und Können kann durch Lernen am Modell erworben werden. So kann der Jugendliche durch Beobachtung lernen, wie die Spülmaschine angestellt wird, wie viel Wasser die Blumen bekommen, wie man eine Fahrkarte am Automaten kauft, wie man mit Messer und Gabel isst usw. All diese Alltagshandlungen können die Jugendlichen nebenbei und durch Abgucken lernen. Wird dieses Lernen zusätzlich durch Erklärungen unterstützt, lernt der Jugendliche noch schneller. Da aber gerade Flüchtlinge oftmals Sprachprobleme haben, kommt dem Lernen durch Beobachten hier eine besondere Bedeutung zu.

Die Alltagspraxis zeigt aber auch, dass viele geflüchtete Jugendliche über diverse alltagspraktische Fähigkeiten verfügen. Viel häufiger als Jugendliche, die in Deutschland aufgewachsen sind, können sie die Aufgaben des Alltags wie Kochen, Putzen, Waschen usw. schon eigenständig erledigen. Es geht also z. T. nur noch darum, diese Fähigkeiten zu erweitern und auf die Gegebenheiten in Deutschland abzustimmen.

Zimmer

⊕ Staubwischen (nasser Lappen)

- ○ Schreibtisch + Schublade
- ○ Nachttisch + Lampe + Schublade
- ○ Kommode + Schublade
- ○ Schrank + Regalfächer
- ○ Umrandung des Betts

⊕ Saugen

- ○ Fußboden
- ○ In den Ecken Spinnweben entfernen

⊕ Wischen (nasser Wischer)

⊕ Bettwäsche waschen

- ○ Alle 2 Wochen

⊖ Nicht putzen

- ○ Fenster
- ○ Spiegel

Materialien für das Zimmer

- • Staubsauger
- • Wischer + Wischerlappen
- • 2x Lappen
- • Eimer mit warmem Wasser
- • Allzweckreiniger

Der Putzplan nennt die notwendigen Arbeiten und dazu benötigte Materialien

Ein Aspekt in der Alltagspädagogik ist die **Ernährung**.
Sie spielt als menschliches Grundbedürfnis und als sozialer Faktor immer eine besondere Rolle.

Im Alltag ist es oft wichtig, die Neuankömmlinge über deutsche **Nahrungsmittel** und deren **Aufbewahrung und Zubereitung** zu informieren. Was wird wie zubereitet? Was muss im Kühlschrank oder Gefrierfach gelagert werden und was nicht? Was ist nicht genießbar?

Viele Einrichtungen kaufen an den Wochenenden gemeinsam mit den Jugendlichen ein und kochen dann. Durch das praktische Tun wird dabei der sachgerechte Umgang mit den Lebensmitteln vermittelt. Gleichzeitig ist es eine gemeinsame Aktion, die das Zusammengehörigkeitsgefühl stärken kann.

*Gemeinsames Kochen in der Küche der Einrichtung
schafft Zusammenhalt*

Ein weiterer bedeutsamer Aspekt des alltäglichen Lebens ist das **Schlafen**.
Viele Geflüchtete leiden unter Störungen des Schlaf-wach-Rhythmus. Grund dafür sind meist psychische Belastungen. Z. T. gibt es aber auch einfach organisatorisch-praktische Gründe dafür. Wenn die Jugendlichen Kontakt zu ihren Familien haben, sie also telefonieren, chatten oder mailen, dann passiert das oft in den späten Abendstunden, weil das die Zeiten sind, in denen die Familie zusammen ist. Über diesen Kontakt wird es dann oft sehr spät und die Jugendlichen sind am Morgen sehr müde.

Als weiterer Aspekt kommt möglicherweise dazu, dass das Licht von Tablets, Smartphones, Laptop-Bildschirmen einen besonders hohen Anteil an blauem Licht hat. Es gibt die These, dass das den Nutzer daran hindert, ausreichend müde zu werden.

Für die Gesunderhaltung des Körpers und für einen regelmäßigen Schulbesuch ist es allerdings wichtig, ausgeschlafen zu sein. Ihr spätes Einschlafen bringt die Jugendlichen in eine Zwickmühle. Einerseits ist die Schule für viele Jugendliche wichtig und sie sind an einem erfolgreichen Schulbesuch interessiert. Dafür dürfen sie aber nicht übermüdet sein. Andererseits sind ihnen die Kontakte zur Familie am späten Abend wichtig, wie viele Jugendliche berichten (s. o.). An dieser Stelle stoßen unterschiedliche Interessen aufeinander, die sie ausbalancieren müssen.

Auch pädagogische Fachkräfte berichten in diesem Zusammenhang z. T. von einem persönlichen Dilemma. Einerseits müssen sie von den Jugendlichen ab einer bestimmten Zeit Nachtruhe einfordern. Andererseits wollen sie den Kontakt zur Familie ermöglichen. Manche Pädagogen erleben es auch als problematisch, die Selbstverantwortung in diesem Punkt einzuschränken. Sie wissen, dass sie hier junge Menschen vor sich haben, die sehr selbstverantwortlich eine Flucht durchgestanden haben. Diese Menschen haben viel (Über-)Lebenserfahrung und werden jetzt aber wieder im Status unreifer Minderjähriger angesprochen.

Ein weiterer Aspekt im Zusammenleben ist die **Hygiene.**
Die Bewohner der Gruppen kommen aus unterschiedlichen Kulturen mit unterschiedlichen Hygienegewohnheiten. Auf der Flucht war Körperhygiene für die meisten vermutlich von untergeordneter Bedeutung. Um die körperliche Gesundheit zu erhalten oder möglichst zurückzubekommen und auch gemeinsam mit anderen zusammenleben zu können und Konflikten in der Gruppe entgegenzuwirken, ist regelmäßige Körperpflege aber unabdingbar.

Es gilt also, die Jugendlichen an die hier gegebenen **Hygienegewohnheiten** heranzuführen. Dazu gehört z. B. auf das regelmäßige Duschen und Putzen der Zähne zu achten. Oder es ist darauf hinzuweisen, dass nicht täglich dieselben Schuhe getragen werden dürfen, wenn sie keinen Geruch annehmen sollen. Wichtig ist auch, zu wissen, dass viele Jugendliche aus ihren Kulturen kein Toilettenpapier kennen. Sie sind es gewohnt, sich mit Wasser zu reinigen. Daher bietet es sich an, in den Toiletten zum Toilettenpapier wahlweise auch einen Wasserschlauch oder eine Gießkanne bereitzustellen.

Eine kleine Auswahl an persönlichen Hygieneartikeln

Von großer Bedeutung ist auch das Thema **Schule, Ausbildung und Arbeitsplatz.**
Viele Jugendliche empfinden die Schule als belastend. Trotzdem beschreiben die Pädagogen die geflüchteten Kinder und Jugendlichen oft als motiviert, die Schule zu besuchen und einen Ausbildungsplatz zu bekommen. Wichtig ist ihnen, die deutsche Sprache zu lernen. Ein weiterer Grund mag sein, dass ein erfolgreicher Schulbesuch bzw. ein Ausbildungsplatz ihnen unter bestimmten Umständen

ermöglicht, eine Aufenthaltserlaubnis zu bekommen (vgl. Kapitel „Rechtliche Rahmung"). Viele Jugendliche wurden auch von ihren Familien mit dem Auftrag nach Europa geschickt, für den Lebensunterhalt der Familie im Heimatland zu sorgen. Auch diese Jugendlichen sind motiviert, einen Arbeitsplatz zu finden und zu halten.

Der Erfolg ist hier natürlich auch zu einem hohen Maß vom intellektuellen Vermögen der Kinder und Jugendlichen abhängig. Studien zur Beschulung von Flüchtlingskindern zeigen allerdings, dass die Schulen in ihrer Arbeit der speziellen Zielgruppe oft nicht gerecht werden und manche Flüchtlinge daher Abschlüsse unter ihrem Niveau machen (vgl. z.B. Sachverständigenrat, 2018). Die Schulen sind hier gefordert, ihre Arbeit zu optimieren. Für die Jugendlichen bedeuten die derzeitigen Defizite in der Beschulung, mehr auf die individuelle Lernhilfe in den pädagogischen Einrichtungen angewiesen zu sein.

> Die Mitarbeiter sind gefordert, die Jugendlichen ihrem geistigen Vermögen entsprechend in der Schule und bei der Arbeitssuche zu unterstützen. Oft ist das intellektuelle Potenzial der Jugendlichen zunächst nur schwer einzuschätzen. Es ist daher wichtig, regelmäßig zu überprüfen, ob nicht doch eine Über- oder Unterforderung vorliegt. Die alltagspraktische Unterstützung kann u.a. über regelmäßige Hausaufgabenbetreuung und/oder die Organisation von Nachhilfe erfolgen. Wichtig ist auch, den Tag so zu strukturieren, dass ruhige Lernzeiten eingeplant sind. Natürlich muss ein individueller Arbeitsplatz vorhanden sein. Für alle Neuankommenden gilt gleichermaßen, dass sie Unterstützung beim Spracherwerb benötigen.

Bilder mit Beschriftung unterstützen beim Lernen der neuen Vokabeln

Eine Anlauttabelle unterstützt den Spracherwerb

Rituale im Alltag

Rituale sind zu bestimmten Anlässen wiederkehrende Handlungen, die immer nach denselben Regeln ablaufen. Diese Handlungen werden sehr bewusst vorgenommen. Häufig werden Symbole verwendet. So haben die meisten Familien bestimmte Weihnachtsrituale. Auch Taufen, Hochzeiten, Begräbnisse sind oft ritualisiert. Aber auch im Alltagsgeschehen finden Rituale immer wieder ihren Platz: das gemeinsame Frühstück am Sonntagmorgen, das Dekorieren des Geburtstagstischs, Gebete oder Sprüche zu bestimmten Anlässen usw.

Auch zum Alltag der pädagogischen Einrichtung gehören Rituale. Im pädagogischen Alltag können sie sehr bedeutsam sein. Durch die Gemeinsamkeit der

Rituale mit den anderen aus der Gruppe stärken sie die emotionale Verbundenheit untereinander. Und durch ihre regelmäßige Wiederkehr bieten sie Sicherheit und stärken das Gemeinschaftsgefühl. Dieses Verbundenheitsgefühl bietet dann einen Gegenpol zu Konflikten und Rassismus in der Gruppe.

Für die pädagogischen Fachkräfte bringen Rituale Entlastung. Sie sind Ordnungsstrukturen, nach denen sich jeder richten kann. Sie vereinfachen ganz alltägliche Abläufe, weil sie – erst einmal etabliert – selbstverständlich sind und nicht immer wieder diskutiert werden müssen.

Gerade für Kinder und Jugendliche, die ein starkes Sicherheitsbedürfnis haben, sind Rituale im Alltag besonders bedeutsam. Es sind vorhersehbare Handlungen, die in Zeiten großer Ungewissheit Stabilität geben.

> Ein erstes Ritual in einer Gruppe kann das Aufnahmeritual sein. Hier bietet sich z. B. an,
> - dem Neuankömmling ein kleines Geschenk zu überreichen,
> - ein gemeinsames Willkommensessen zu gestalten,
> - einen Kennenlernabend zu planen, an dem sich alle vorstellen,
> - usw.

Für den Neuankommenden kann dies eine freudige Überraschung und eine Aufnahme in die Gruppe bedeuten. Bei denjenigen, die bereits der Gruppe angehören, kann es eine Erinnerung an ihre eigene Neuaufnahme in die Gruppe sein. Dies könnte zu mehr Verständnis für die Situation des Neuen führen.

Betrachtet ein Laie den Alltag einer Wohngruppe, kann bei ihm der Eindruck entstehen, dass es vor allem um die Grundversorgung körperlicher Bedürfnisse geht.

Aus pädagogischer Sicht ergibt sich jedoch gerade im vermeintlich unspektakulären „Alltag" die Chance, wertvolle pädagogische Arbeit zu leisten und die zentralen Ziele einer professionellen Begleitung der Geflüchteten zu erreichen.

Es zeigt sich, dass viele Themen und Aufgaben der pädagogischen Fachkräfte in Wohngruppen mit Flüchtlingen deckungsgleich mit den Anforderungen in Regelwohngruppen sind. Daneben gilt es jedoch auch, die spezifischen, durch die kulturellen und biografischen Erfahrungen der geflüchteten Kinder und Jugendlichen entstandenen Bedürfnisse in der Alltagsarbeit gebührend zu berücksichtigen.

Trauerarbeit mit Flüchtlingen

Alle Kinder und Jugendlichen, die nach Deutschland geflüchtet sind, haben Verluste erlebt.

Mindestens den **Verlust von Beziehungen** zu wichtigen Bindungspersonen sowie den Verlust einer bekannten Umwelt. In den dramatischeren Fällen sind sogar nahe Angehörige oder Freunde getötet worden.

Die natürliche Reaktion auf solche Verlusterfahrungen ist das Trauern. Wenn ein solcher Trauerprozess stattfindet und erfolgreich durchlaufen wird, kann am Ende ein neues, emotionales Gleichgewicht stehen. Solch ein Gleichgewicht ist nötig, um die Anforderungen und Konflikte im Lebensalltag meistern zu können.

Wird ein Trauerprozess jedoch blockiert oder unterbrochen, werden dringend benötigte psychische Energien gebunden und es entstehen häufig psychosomatische Symptome, die der Gesundheit schaden.

> Durch Betreuer eines Flüchtlings können ggf. notwendige Trauerprozesse einfühlsam begleitet bzw. blockiertes Trauern behutsam wieder in Gang gesetzt werden.

Das 4-Phasen-Modell des Trauerns nach Kast

Verena Kast hat ein 4-Phasen-Modell des Trauerns beschrieben, das hilft, die Struktur eines solchen Prozesses besser zu verstehen (vgl. Kast, 2015).

Die **1. Phase** ist die „Schockphase". Typisch in dieser Phase ist, dass der Verlust zunächst geleugnet wird und der trauernde Mensch empfindungslos erscheint. Bis zu einer Woche kann diese Phase dauern, in Extremfällen noch länger. In vielen Fällen wird ein Flüchtling diese Phase schon hinter sich haben, wenn er mit den Pädagogen in Kontakt kommt. Es kommt aber auch vor, dass z.B. die Nachricht vom Tod eines nahen Angehörigen den Jugendlichen erst in Deutschland erreicht.

> Aufgabe eines Begleiters in der Schockphase kann es sein, einfach „da zu sein" und als Zuhörer und Gesprächspartner – bei Bedarf – zur Verfügung zu stehen. Beobachten und Abwarten ist hier in jedem Fall sinnvoller als ein aktives Thematisieren oder gar Bedrängen.

In der **2. Phase** wird der Trauernde von einem Gefühlschaos quasi überschwemmt. Er erlebt evtl. eine Mischung aus Wut, Angst, Zorn, Schmerz und Schuldgefühlen. Welche Emotionen im Vordergrund stehen, ist sehr von der Persönlichkeit des Trauernden abhängig. In dieser Phase ist der Kontakt zum trauernden Jugendlichen oft schwierig, weil sich die starken negativen Gefühle auch projektiv gegen den Betreuer richten können. So kann es sein, dass ein Betreuer angeschrien und unangemessen aggressiv beschimpft wird. Die hier auftretende Wut speist sich jedoch aus der Trauer und hat nichts mit dem Verhalten des Betreuers zu tun.

> Gefragt ist hier Gelassenheit und die Fähigkeit, sich angemessen abzugrenzen.

Die **3. Phase** ist die Phase des „Suchens und des Sich-Trennens". Beim Tod eines Angehörigen findet dann oft eine innere Auseinandersetzung mit dem Verstorbenen statt. Der trauernde Jugendliche hat das Bedürfnis, von seinem Angehörigen zu erzählen, Geschichten von und über ihn mitzuteilen. Dieses aktive Kommunizieren über den Toten hilft dabei, ein Weiterleben ohne den Verstorbenen zu akzeptieren und reduziert die Angst, ihn zu vergessen.

Auch in dieser Phase ist es hilfreich, Interesse an den Berichten zu zeigen, manchmal auch, wenn die Geschichte zum wiederholten Male erzählt wird. Geduld und ein einfühlsames Spiegeln der verschiedenen Gefühle, die sich in den Berichten über den Verstorbenen offenbaren, können den Trauerprozess an dieser Stelle unterstützen.

(„Wenn du das so erzählst, spürt man direkt, wie gern du ihn (sie) gehabt hast!")

Am Ende des Trauerprozesses steht die **4. Phase**, die des „neuen Selbst- und Weltbezugs". Sind die ersten drei Phasen erfolgreich durchlaufen, kann der trauernde Jugendliche sich jetzt langsam dem Alltag und den aktuellen Herausforderungen des Lebens stellen. Seine Gedanken kreisen nicht mehr ständig um den Verlust. Verstorbene werden für den Jugendlichen z. B. zu einer „inneren Figur". Das kann sich darin zeigen, dass der Tote als eine Art innerer Begleiter erlebt wird, mit dem der Trauernde (innerlich) kommunizieren kann.

Aufgabe in der Trauerbegleitung ist es an dieser Stelle, die – neue – Zuwendung zum Leben unterstützend zu begleiten und eventuelle Rückschritte in schon überwundene Trauerphasen geduldig auszuhalten. Der Verlauf des Trauerprozesses ist nämlich selten stringent, sondern oft gekennzeichnet von kürzeren oder längeren Rücksprüngen in die ersten Phasen des Trauerns.

Alltagsgestaltung in der Wohngruppe Rupert-Neudeck-Straße

Den Alltag der Wohngruppe zu gestalten bedeutet – zunächst – Schutz und regelmäßige Versorgung sicherzustellen. Die grundlegende Aufgabe besteht dann darin, alle Jugendlichen zu unterstützen und zu einer selbstständigen Lebensführung zu befähigen. Der Gruppenalltag zeigt immer wieder Cliquenbildungen und Konflikte zwischen den Nationalitäten. Diesen Rivalitäten und Anfeindungen der Jugendlichen unterschiedlicher Nationen kann durch gemeinsame Erlebnisse entgegengewirkt werden. Erlebnispädagogische Maßnahmen, die so konzipiert sind, dass die Jugendlichen einander unterstützen müssen, können den Gruppenzusammenhalt fördern. Aber auch gemeinsames Kochen oder andere Aktivitäten in der ganzen Gruppe können den Zusammenhalt fördern. Eine besondere Maßnahme kann es sein, einen in der Gruppe gut angesehenen Jugendlichen dafür zu gewinnen, einem nicht so willkommenen Mitbewohner – quasi als Pate – Hilfe und Unterstützung zu geben. Dies kann die Position des Schwächeren sehr stärken, da die anderen Jugendliches es akzeptieren, wenn ihm eine Person mit hoher Position in der Gruppe hilft.

*Im Umgang mit **Amadou** kann schon eine erste Aufgabe darin bestehen, ihm geduldig zuzuhören.*
Im Gespräch kann man ihm evtl. seinen eigenen Konflikt zwischen seiner Sexualität und seiner religiösen Moral spiegeln. Ein Betreuer kann den Konflikt nicht auflösen. Häufig hilft es dem Jugendlichen aber schon, wenn er den Konflikt sieht und dem Jugendlichen vermittelt, „Ich sehe, dass da ein schwerer Konflikt ist, der dich sehr

belastet." Der Jugendliche kann sich dann verstanden fühlen und er weiß, dass seine Gefühle „richtig" und „erlaubt" sind. Gerade diese Erfahrung fehlt Amadou ja vermutlich.

Zur Entwicklung eines positiven Körper- und Selbstwertgefühls kann Sport beitragen. Die Betreuer können vielleicht gemeinsam mit ihm nach einer für ihn geeigneten Sportart suchen. Eine Gruppensportart kommt vielleicht seinem Wunsch, dazugehören zu wollen, entgegen.

Sein Motiv zur Flucht war, der persönlichen Verfolgung und Ausbeutung zu entkommen. Nun müssen realistische Perspektiven entwickelt werden, wie er als anerkannter Flüchtling in Deutschland leben kann.

Amadou ist in Deutschland nicht mehr schulpflichtig. Da aber ein guter Schul- und Berufsabschluss die individuellen Optionen erweitert, ist er so zu unterstützen, dass er trotzdem in Deutschland anerkannte Abschlüsse erwerben und/oder einen Ausbildungsplatz bekommen kann. Um dies zu ermöglichen, kann ein Verbleib in der Wohngruppe nach § 41 SGB VIII (Hilfen für junge Volljährige) angestrebt werden.

Auch **Salem** kann es helfen, seine Not zu spiegeln. Er hat einen Auftrag von seinen Eltern bekommen, den er nicht erfüllen kann. Auch hier kann es seinen Druck mindern, wenn die Betreuer signalisieren, dass sie seine Not sehen. Er macht sich Sorgen und ist traurig. Es ist wichtig, diese Trauer geduldig zu akzeptieren und ihm Raum zu geben, sie immer wieder auszusprechen. Sinnvoll kann es auch sein, den Jugendlichen zu ermuntern, sich aktiv und kreativ mit seiner Trauer auseinanderzusetzen, z. B. seine Erlebnisse aufzuschreiben. Dabei ist es erst mal nicht bedeutsam, ob jemand anderes das Geschriebene liest oder nicht. Vielmehr ist das Aufschreiben ein Schritt zur Verarbeitung des Geschehenen.

Vielleicht kann sich auch Salems Trauer in Wut darüber wandeln, dass ihm ein nicht erfüllbarer Auftrag von der Familie aufgebürdet wurde. Auch hier gilt es, die Wut zuzulassen. Wenn sie erlaubt wird, kann sie auch bald wieder gehen. Evtl. hilft es auch in diesem Fall, der Familie einen Brief zu schreiben, der gar nicht abgeschickt wird. Auch hier geht es wieder darum, die Wut auszudrücken und „greifbar" zu machen, statt sie als vielleicht diffuses oder bedrohliches Gefühl in sich zu tragen.

Auch für Salem scheint es wichtig zu sein, Selbstwirksamkeitserfahrungen zu machen und (ggf. in kleinsten Schritten) seinen Zielen erlebbar näherzukommen. Aufgabe der Betreuer kann es hierbei sein, Erfolge zu benennen und den kausalen Zusammenhang zwischen Salems Handlungen und dem positiven Ergebnis zu betonen.

Ahmet ist ein junger Mann, der verschiedene Voraussetzungen mitbringt, die eine Duldung in Deutschland ermöglichen.

Wenn er konzentriert am Unterricht teilnimmt, fällt ihm das Lernen leicht. Bei entsprechender Unterstützung und Motivation hat er also gute Aussichten, einen Schulabschluss zu erhalten. Damit erfüllt er ein Kriterium, als „integrierter Jugendlicher" im Sinne des Gesetzes zu gelten und eine Aufenthaltserlaubnis zu bekommen.

Seine Identitätsentwicklung ist dadurch gekennzeichnet, dass er an seinen Wurzeln interessiert, aber auch offen für Kontakte zu Deutschen ist. Auch dies sind Kriterien, die im Sinne gelingender Integration positiv zu werten sind.
Im Alltag der Gruppe ist es wichtig, diese Ressourcen zu unterstützen.

Aktuell ist sein teilweise respektloses und grenzüberschreitendes Verhalten kontraproduktiv zu seinen langfristigen Zielen.

Um klare Grenzen zu setzen und die positiven Fähigkeiten zu fördern, empfiehlt es sich im Alltag,
• Grenzen dann zu setzen, wenn sie wirklich notwendig sind und diese dann nachvollziehbar zu begründen und zu erklären. Ggf. lassen sich manche Regeln in Absprache mit den Jugendlichen entwickeln.
• auf die Einhaltung der Regeln konsequent zu achten und beim Überschreiten einer Regel sofort die angekündigten Konsequenzen zu zeigen.
• der Situation angemessene Konsequenzen folgen zu lassen und keine drakonischen Strafen zu verhängen.
• in der Sache (dem Fehlverhalten gegenüber) hart zu bleiben, aber der Person, dem Menschen gegenüber wertschätzend zu bleiben.
• darauf zu achten, dass der Jugendliche möglichst keinen Gewinn aus seinem aggressiven, provozierenden Verhalten zieht.
• gegenüber dem Jugendlichen unnötige Provokationen zu vermeiden.

5.1 Anforderungen an die professionelle Fachkraft

Jeder unbegleitete minderjährige Flüchtling bringt eine eigene Geschichte und damit verbundene Erfahrungen, Wünsche, Ängste mit. Neben den Besonderheiten, Flüchtling und unbegleitet zu sein, ist er zugleich ein junger Mensch, der sich bestimmten Entwicklungsaufgaben und Herausforderungen stellen muss, wie alle anderen Kinder und Jugendlichen auch.

Jugendhilfe für unbegleitete minderjährige Flüchtlinge muss sich also einerseits mit den besonderen Bedingungen von Menschen mit Fluchterfahrung auseinandersetzen. Das erfordert spezifisches Wissen.

Andererseits sind allgemeine sozialpädagogische Kompetenzen nötig.

Diese allgemeinen sozialpädagogischen Kompetenzen sind zunächst einmal auch auf die Arbeit mit Flüchtlingskindern/-jugendlichen anzuwenden. Darüber hinaus kann es nötig sein, zielgruppenspezifische Interventionsmöglichkeiten für unbegleitete minderjährige Flüchtlinge zu kennen. Es ist aber immer wichtig, zu reflektieren, ob ein bestimmtes Verhalten wirklich auf die Besonderheit der Fluchterfahrung zurückzuführen ist oder ob es vielleicht einfach jugendtümlich ist oder andere Ursachen hat. Einen Menschen und sein Handeln immer unter der Perspektive des Geflüchtetseins zu betrachten, wäre verkürzt und wird dem jungen Menschen nicht gerecht.

Die im Folgenden dargelegte Auswahl an Kompetenzen ist zu einem großen Teil ebenso in der Arbeit mit Kindern/Jugendlichen wichtig, die in Deutschland aufgewachsen sind. Im Umgang mit jungen unbegleiteten Geflüchteten ergibt sich an manchen Stellen eine spezifische Bedeutung, auf die hingewiesen wird.

5.1.1 Die professionelle Beziehung

Sozialpädagogische Fachkräfte sind Menschen. Und in ihre Arbeit bringen sie sich als ganze Person ein: mit ihren Werten, ihren Lebenserfahrungen, ihrem Geschlecht usw. All dies legen sie mit Dienstbeginn nicht ab. Es beeinflusst daher auch die professionelle Arbeit und die professionelle Beziehung zu den Kindern und Jugendlichen.

Diese professionelle Beziehung unterscheidet sich aber von einer privaten.

Beziehungen auf privater Ebene sind geprägt von gegenseitiger emotionaler Bindung. Sie vermitteln uns ein Gefühl von Sicherheit und Zugehörigkeit. Man weiß viel über die andere Person. Idealerweise wächst man gemeinsam in der Beziehung. Gute private Beziehungen setzen Vertrauen voraus. Private Beziehungen dienen der Befriedigung der eigenen emotionalen Bedürfnisse.

Professionelle Beziehungen hingegen sollen sich vor allem nach professionellen Standards ausrichten und unabhängig von Bestätigung, Lob und Kränkung durch die Klientel sein. „Ziel der professionellen Beziehung ist nicht die Befriedigung eigener emotionaler Bedürfnisse (z.B. Zuneigung, Bestätigung), wie es in privaten Beziehungen im Vordergrund steht, sondern der Kontakt und die auf gewünschte Veränderungen gerichtete Arbeit mit den Klienten/Klientinnen" (Urban, 2004, S. 196).

Wenn z.B. ein Pädagoge in seinem privaten Umfeld belogen wird, kann es sein, dass er sehr verärgert oder gekränkt reagiert, ggf. die Beziehung sogar beendet. Im beruflichen Kontext ist das anders zu bewerten. Da kann (und soll) er sich fragen, aus welchen Beweggründen ein Kind oder Jugendlicher ihn wohl belogen hat, aus welchem Bedürfnis heraus diese Lüge ausgesprochen wurde.

In der professionellen Beziehung handelt es sich auf der Seite der Fachkraft also um Arbeit. Sie ist bestimmt durch professionelles Wissen, ein professionelles Selbstverständnis, konkrete Arbeitsaufträge, konkrete Stellenbeschreibungen usw.

Auch an der professionellen Beziehung sind immer mindestens zwei Personen beteiligt. Zur Lösung eines Problems müssen immer alle Seiten kooperieren. So ist es nicht möglich, dass die pädagogische Fachkraft das Problem gegen den Willen des Jugendlichen löst.

Der Jugendliche ist dabei nicht passives und mehr oder weniger williges Objekt professioneller Bearbeitung, sondern hat einen aktiven, ja den entscheidenden Anteil am Erfolg (vgl. Müller, 2011, S. 1). Die Aufgabe der pädagogischen Fachkraft besteht darin, einen Zugang zu den Bedürfnissen des Jugendlichen zu finden und im vorgegebenen Rahmen adäquate Hilfsangebote zu machen.

Natürlich fließen persönliche Anteile der Fachkraft immer auch in diese Arbeit ein. **Professionelle Arbeit** bedeutet gerade deshalb, sich dieser Anteile bewusst zu werden. So kann es eine sinnvolle Frage sein, warum einem Pädagogen ein Kind so viel angenehmer im Umgang ist als ein anderes oder warum er ein Kind als besonders „nervig" empfindet. Solche Wahrnehmungen haben i.d.R. etwas mit eigenen Werten und Vorerfahrungen zu tun. Vielleicht erinnert ihn das Kind an jemanden, den er nicht mag. Daher ist er vielleicht diesem Kind gegenüber auch schon voreingenommen. Das andere Kind dagegen hat vielleicht die gleiche Freude an Musik wie er und schon ist ihm das Kind sympathischer. Solche Fragen müssen geklärt werden, damit ein fairer Umgang mit beiden Kindern möglich ist.

Sich seiner **eigenen Erwartungen** an die Kinder und Jugendlichen bewusst zu werden, ist zudem wichtig, weil man diese Erwartungen häufig unbewusst auch aussendet. So ein Signal kann sein: „Ich mag dich, wenn du mir dankbar bist!" Für viele Menschen, die bedrohlichen, traumatisierenden Erfahrungen ausgesetzt waren, war es lebensnotwendig, das Gegenüber und seine Bedürfnisse und Ängste sehr schnell und sehr sorgfältig zu erfassen und dieses Wissen sehr präzise zur Gestaltung der Beziehung einzusetzen. Hat sich dieses Verhalten bewährt, so kann es sein, dass das Kind oder der Jugendliche sich bemüht, auch dem Erzieher gerecht zu werden, statt sich auf seine eigene Entwicklung zu konzentrieren.

Natürlich sind gute Beziehungen die Grundlage einer gelingenden Arbeit und es ist schön und hilfreich, wenn auch die Kinder und Jugendlichen ihre Betreuer/ Erzieher mögen. Aber es ist nicht ihre Aufgabe, die Erzieher zu mögen. Und es ist auch nicht ihre Aufgabe, den Erziehern dankbar zu sein. Dies gilt auch, wenn Erzieher sich in besonderem Maße engagieren. Es wäre als unprofessionell zu bezeichnen, wenn ein Erzieher seine Arbeit macht, um Dankbarkeit vom Kind/Jugendlichen zu bekommen. Dann wären nämlich die Kinder/Jugendlichen dazu da, sein Bedürfnis nach Dankbarkeit zu befriedigen. Und das sind sie nicht. Aufgabe der Fachkraft ist es, die Jugendlichen zu unterstützen, ihre individuellen Entwicklungsaufgaben zu lösen (vgl. Baierl, 2014, S. 62 ff.).

Gerade die **Beziehungsgestaltung** zu unbegleiteten minderjährigen Flüchtlingen stellt die Pädagogen vor Herausforderungen, denen sie in einer Regelwohngruppe so (oder in dieser Intensität) nicht begegnen.

In vielen Fällen haben minderjährige unbegleitete Flüchtlinge aktuell keine Möglichkeit, in persönlichen Kontakt mit Familienmitgliedern zu treten. In einer klassischen Jugendwohngemeinschaft dagegen geht das Fachpersonal häufig eine Art von „Erziehungspartnerschaft" mit den sorgeberechtigten Eltern ein. Das bedeutet, dass diverse Unterstützungsmaßnahmen, wie Arztbesuche, Einkäufe, Kontakte zu Lehrern usw., nach Absprache von den Eltern oder verfügbaren, geeignet erscheinenden Familienmitgliedern übernommen werden. Diese Möglichkeit besteht i. d. R. für einen unbegleiteten minderjährigen Flüchtling nicht. Die Mitarbeiter der Wohngruppe mit allein geflüchteten jungen Menschen können ihre Aufgaben als unterstützende Bindungsperson nicht mit der Ursprungsfamilie teilen. Damit verbunden ist oft eine besonders intensive Erwartung des unbegleiteten Flüchtlings an die Pädagogen bezogen auf Zuwendung und alles, was bewusst und unbewusst mit einer sicheren Bindungsperson assoziiert wird.

Wichtig ist hier auch die Fähigkeit des professionellen Betreuers, Nähe und Distanz angemessen – für sich und den Jugendlichen – zu regulieren. Dabei braucht es auch ein hohes Maß an Frustrationstoleranz, spätestens dann, wenn die Betreuer an juristische und administrative Grenzen stoßen und der Klient z. B. abgeschoben wird. Die Pädagogen müssen dann aushalten, dass sie den Jugendlichen nicht in dem Maße helfen können, wie sie es gern täten. Ohnmachts- und Trauergefühle sind dann häufig emotional sehr belastend.

5.1.2 Spezifische Fähigkeiten

Interkulturelle Kompetenz zeigen

Interkulturelle Kompetenz wird in der Fachdiskussion immer wieder als eine zentrale Kompetenz genannt, die die pädagogischen Mitarbeiter in der Arbeit mit unbegleiteten minderjährigen Flüchtlingen mitbringen sollen. Was „interkulturelle Kompetenz" jedoch genau meint, lässt sich nicht so einfach bestimmen. Vielmehr gibt es unterschiedliche Definitionen und Theorien in diesem Zusammenhang.

Im pädagogischen Kontext wird das Gelingen interkultureller Interaktion und die persönliche **Weiterentwicklung der Interaktionspartner** betont. In der Arbeit soll das Aneinanderwachsen angeregt bzw. ermöglicht werden. Die Interaktionsteilnehmer sollen sich so weiterentwickeln, dass zumindest teilweise eine gemeinsame Sinnebene geschaffen wird.

So verstanden bedeutet interkulturelle Kompetenz, dass Betreuer und Jugendliche voneinander lernen und gemeinsame Werte und Sinnvorstellungen entwickeln.

Andere Ansätze verstehen unter interkultureller Kompetenz eher die Fähigkeit, mit anderen Kulturen so zusammenzuarbeiten, dass alle es als effektiv erleben. Interkulturelle Kompetenzen werden demnach benötigt, um sich möglichst sensibel in die Wahrnehmung, das Denken, Fühlen und Handeln eines Menschen einer anderen Kultur einzufinden und das beim eigenen Handeln zu berücksichtigen.

In beiden Ansätzen benötigen die Partner zum Erreichen der Ziele ein profundes Wissen um die andere Kultur, Empathie, Toleranz, Sensibilität, die Fähigkeit zum Perspektivwechsel, Kommunikationskompetenz usw.

Dieses Wissen und Können und die entsprechende Haltung sind in der Arbeit mit unbegleiteten Flüchtlingskindern und -jugendlichen unabdingbar.

Über Kenntnisse in weiteren Sprachen verfügen

Ein weiterer Aspekt bezogen auf die spezifische pädagogische Arbeit mit dieser Zielgruppe sind hilfreiche (Zusatz-)Qualifikationen. An erster Stelle können hier **Sprachkenntnisse** genannt werden. Viele Geflüchtete bringen neben ihren muttersprachlichen Kenntnissen zumindest Grundkenntnisse in Englisch oder Französisch mit. Mitarbeiter in Wohngruppen beschreiben z. B., dass es oft schwierig ist, Dolmetscher für die zum Teil seltenen Dialekte der Bewohner zu finden. Im Alltag gelingt eine notwendige Verständigung dann zumindest über eine gemeinsame Zweitsprache.

Unsicherheiten aushalten

Weil die Mitarbeiter i.d.R. nicht die Muttersprachen der Bewohner sprechen, ergibt sich eine weitere Besonderheit. Die Jugendlichen können sich teilweise untereinander unterhalten, ohne dass die anwesenden Erzieher verstehen, worum es geht. So kann es passieren, dass sie einen Konflikt austragen und der anwesende Erzieher kann nicht erkennen, worum es geht und ggf. auch nicht hilfreich eingreifen oder moderieren.

Für eine pädagogische Fachkraft bedeutet dies, auszuhalten, aus der Kommunikation ausgeschlossen zu sein, und es erfordert eine **ausgeprägte Beobachtungskompetenz**, um nonverbale Zeichen zu deuten und Informationen über den anderen gewinnen zu können. Allerdings sind diese Zeichen auch nicht immer mit unseren Gesten, der Mimik, der Lautstärke der gesprochenen Sprache usw. deckungsgleich. Das macht auch die Interpretation der nonverbalen Zeichen manchmal schwieriger.

In solchen muttersprachlich geführten Dialogen zwischen den Jugendlichen ist es natürlich auch denkbar, dass diese sich gerade über den anwesenden Pädagogen unterhalten. Vielleicht lachen sie gar dabei.

Hier ist ein gesundes Selbstbewusstsein des Pädagogen gefragt, eine solche Situation auszuhalten und sich nicht verunsichern zu lassen.

Mit der Verletzung eigener Werte umgehen

Dass die Jugendlichen mit anderen Normen und Werten kommen und diese im vorgegebenen Rahmen auch leben können, ist jedem Pädagogen, der diese Arbeit macht, vermutlich selbstverständlich. So ist es selbstverständlich, dass beim Kochen die für die Kinder/Jugendlichen „erlaubten" Lebensmittel verwendet werden und das Beten entsprechend der eigenen Religion wird wohl kaum infrage gestellt. Diese und andere individuelle und kulturelle Spezifika zu tolerieren, entspricht unserem Grundgesetz und mehrheitlich auch dem moralischen Empfinden der Menschen in Deutschland. Was bedeutet es aber für die pädagogische Kraft, wenn die Jugendlichen sich gegen diese Grundüberzeugungen stellen? Viele Pädagogen berichten z.B., dass die Geflüchteten sich immer wieder rassistisch gegenüber Flüchtlingen aus anderen Nationen verhalten. Hier werden teilweise Anfeindungen aus den Heimatländern und auf der Flucht Erlebtes fortgesetzt.

Teilweise wird auch die Autorität von weiblichen Mitarbeiterinnen infrage gestellt, was unser Wertesystem deutlich verletzt.

Die Verletzung solcher Grundüberzeugungen durch die jungen Flüchtlinge trifft manche Mitarbeiter deutlich.

Allerdings muss hier ausdrücklich gesagt werden, dass die hier beschriebenen Haltungen auch in Wohngruppen mit aus Deutschland stammenden Jugendlichen anzutreffen sind. Vielmehr noch scheint es so zu sein, dass das beschriebene Verhalten in Wohngruppen mit unbegleiteten minderjährigen Flüchtlingen eher geringer ausgeprägt ist. Viele Mitarbeiter berichten, dass die minderjährigen Flüchtlinge häufig viel höflicher und hilfsbereiter sind als die Jugendlichen der „regulären" Wohngruppen. Eine Erklärung hierfür könnte sein, dass viele einheimische Jugendliche, die stationär in Jugendhilfeeinrichtungen leben, aus bildungsferneren Schichten kommen. Die beschriebenen Haltungen sind in diesen Schichten eher verbreitet. Unter den unbegleiteten minderjährigen Flüchtlingen hingegen befinden sich einige mit besserem Bildungshintergrund.

Außerdem kommen die geflüchteten Jugendlichen häufig aus Kulturen, in denen Eltern, Erziehern und Lehrern grundsätzlich mehr Respekt entgegengebracht wird als das in unserer Kultur der Fall ist. Dieses Verhalten wird dann auch hier weiter gezeigt.

Werden Grundüberzeugungen des Pädagogen angegriffen, so ist es nicht immer leicht, pädagogische Nähe aufrechtzuerhalten. Durch abweisendes Verhalten lassen sich jedoch keine Überzeugungen ändern. Haltungen ändern sich, indem einerseits der intellektuelle Horizont erweitert wird und andererseits, indem neue Erfahrungen gemacht werden.

Schulischer Bildung und demokratischen Erfahrungen kommt also eine Schlüsselposition zu.

Über rechtliches und politisches Hintergrundwissen verfügen

Eine Befragung unter Personen, die mit unbegleiteten minderjährigen Flüchtlingen arbeiten, ergab, dass diese Personen einen hohen Bedarf an Fortbildungen zu rechtlichen Fragen haben. Befragt wurden neben dem pädagogischen Personal der Jugendhilfe auch Vormunde und Pflegeeltern, Berater usw. Es zeigt sich, dass Wissen, insbesondere bezogen auf das Asyl- und Aufenthaltsrecht, besonders nachgefragt ist.

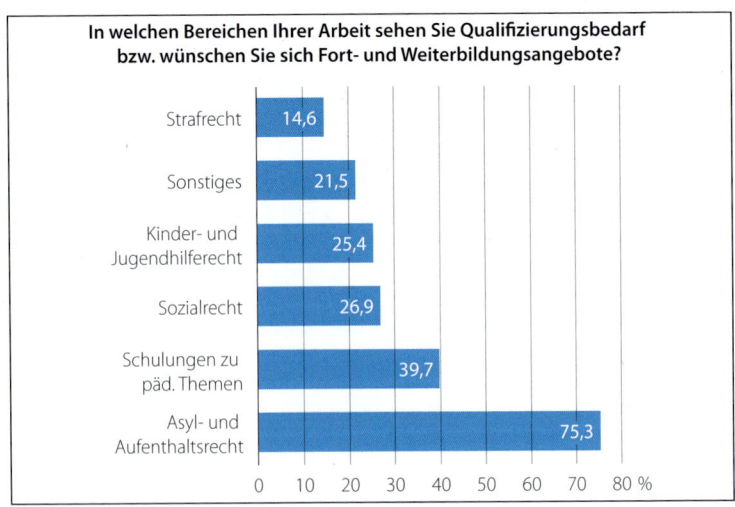

In welchen Bereichen Ihrer Arbeit sehen Sie Qualifizierungsbedarf bzw. wünschen Sie sich Fort- und Weiterbildungsangebote?

Bereich	Wert
Strafrecht	14,6
Sonstiges	21,5
Kinder- und Jugendhilferecht	25,4
Sozialrecht	26,9
Schulungen zu päd. Themen	39,7
Asyl- und Aufenthaltsrecht	75,3

Auch wenn die pädagogischen Mitarbeiter keine rechtliche Beratung vornehmen, ist es im Alltag dennoch bedeutsam, rechtlich informiert zu sein und Jugendlichen bei Bedarf schon mal erste Hinweise geben zu können.

Dies ist gerade dann wichtig, wenn Asylanträge abgelehnt werden und die Jugendlichen in ihrer Not nicht weiterwissen. Dann kann ein Hinweis darauf, welche Rechtsmittel gemeinsam mit dem Vormund noch einmal geprüft werden sollten, vielleicht schon wieder eine Perspektive eröffnen.

Außerdem, so berichten die Mitarbeiter der Wohngruppen, ist es wichtig, über die politischen Entwicklungen in den Herkunftsländern informiert zu sein. Die Jugendlichen haben ihre Familien dort zurückgelassen. Daher verfolgen sie die Entwicklung vor Ort engagiert.

Ein erkennbares Interesse der Mitarbeiter an den politischen Verhältnissen im Herkunftsland ist sicherlich beziehungsfördernd und erleichtert es den Jugendlichen, sich in ihrer Sorge an die Pädagogen zu wenden.

Traumaspezifische Kenntnisse
Eine besondere Bedeutung haben auch traumaspezifische Kenntnisse. Detaillierte Informationen dazu finden sich im Kapitel „Traumaereignis und Traumaerleben".

Wohngruppe Rupert-Neudeck-Straße

Frank, ein Sozialarbeiter der Wohngruppe, fühlt sich am Arbeitsplatz zunehmend unwohl, weil er im wortwörtlichen Sinn die Jugendlichen der Gruppe nicht immer versteht. Das ist für ihn mit einem Gefühl von Kontrollverlust verbunden. Dies ist für ihn in der Berufsrolle und möglicherweise auch als Person beängstigend. In seiner beruflichen Rolle als Sozialarbeiter, der die Aufsichtspflicht über die Jugendlichen innehat, ist es für ihn wichtig, die Situation der Jugendlichen einschätzen zu können, um mögliche Gefahren abzuwenden. Da er diese jedoch z. T. nicht versteht, sind ihm hier Grenzen gesetzt. Zudem kann es ein, dass sein persönliches Grundbedürfnis bezüglich Orientierung und Kontrolle dadurch irritiert wird.

Außerdem leidet er mehr und mehr an seinen eingeschränkten Möglichkeiten, den Jugendlichen die Sicherheit und die Perspektiven zu geben, die sie seiner Meinung nach brauchen. Evtl. löst es Ohnmachtsgefühle in ihm aus, eine Not zu erleben und die Beschränkungen im eigenen Handeln immer wieder vor Augen geführt zu bekommen.

Ein Lösungsansatz könnte hier sein, dass Frank sich im Rahmen einer Supervision mit konstruktiven Ideen zum Umgang mit seinen Emotionen und zur berufsrechtlichen Situation beraten lässt.

5.2 Selbstfürsorge für Pädagogen

Wie den vorausgegangenen Kapiteln schon zu entnehmen war, ist die pädagogische Arbeit mit Flüchtlingen eine Herausforderung, die physisch und vor allem psychisch extrem belastend sein kann.

Wie im vorherigen Kapitel schon dargelegt, sind viele Themen, Aufgaben und Konfliktfelder, die in der Arbeit mit unbegleiteten minderjährigen Flüchtlingen entstehen, identisch mit denen, die den Kollegen in der „klassischen" Wohngruppenarbeit begegnen. Darüber hinaus gibt es aber zielgruppenspezifische Probleme und Belastungsfaktoren, die u. U. als zusätzlicher Stressor bzw. als zusätzliche emotionale Belastung erlebt werden können.

Der achtsame Umgang mit den eigenen emotionalen Ressourcen hat daher besondere Beachtung verdient.

Plakativ kann gesagt werden:

> **MERKE** Die wichtigste Grundregel für den professionellen Pädagogen lautet:
> **Sorge *zuerst* dafür, dass es dir gut geht, denn nur dann kannst du deine vielen Fähigkeiten und Kompetenzen zum Wohle deiner Klienten zum Einsatz bringen!**

Diese Aussage entbindet den professionellen Helfer natürlich nicht von seiner Pflicht, Frustrationen auszuhalten und – anders als er es vielleicht als Privatperson tun würde – sich den Konflikten und Herausforderungen zu stellen. Ein Funktionalisieren der pädagogischen Beziehung zu den Klienten („Ich gestalte die Beziehung zu den Jugendlichen so, dass es *mir* gut geht!") wäre also fahrlässig und unprofessionell. Wünschenswert ist vielmehr eine gute Balance zwischen dem notwendigen Bearbeiten der beruflichen Anforderungen und den – ebenfalls notwendigen – Phasen, in denen neue Kraft geschöpft werden kann.

Es kommt für professionelle Helfer darauf an, auch bei oder gerade in Phasen starker psychischer Belastung Strategien zu kennen, seelisch im Gleichgewicht zu bleiben.

5.2.1 Maßnahmen durch Träger und Team

Es gibt institutionelle Rahmenbedingungen, die helfen, berufsbedingten Stressoren angemessen zu begegnen.

Eine in vielen Berufsfeldern schon gut etablierte Möglichkeit ist regelmäßige **Supervision**. Das Instrument der externen (Fall-)Beratung wird von den meisten pädagogischen Fachkräften als hilfreich und bereichernd erlebt.

Neben dieser, wegen der hohen Kosten meist sparsam eingesetzten Reflexionsmöglichkeit bietet auch die teaminterne, **kollegiale Beratung** (Intervision) gute Chancen, in einer Krisensituation für Entlastung zu sorgen. Neben den – hoffentlich regelmäßigen – Teamsitzungen, die Gelegenheit bieten sollten, individuelle Fragestellungen mit ausreichend Zeit zu bearbeiten, hat sich auch ein transparentes „Notfallsystem" bewährt.

In einer Krisensituation weiß dabei jeder einzelne Mitarbeiter, jede einzelne Mitarbeiterin, wer ggf. für einen schnellen kollegialen Austausch angesprochen werden kann, bzw. wie er/sie sich zeitnah Unterstützung organisieren kann.

> **MERKE** Hier gilt sicher der Grundsatz:
> **Erfolgreiche Arbeit mit unserer Zielgruppe ist nur im Team möglich!**

5.2.2   Persönliche Strategien

Neben diesen Optionen und Maßnahmen, die der Träger bzw. das Team zur Verfügung stellen, gibt es auch persönliche Strategien der Selbstfürsorge. Auch diese können einer psychischen Überlastung vorbeugen oder akutes Belastungserleben regulieren.

Die meisten Menschen können auf Nachfrage gut beschreiben, was sie intuitiv nach einem anstrengenden Arbeitstag gern tun würden („Jetzt täte mir ein Spaziergang gut!"), um sich wieder geistig und körperlich „fit" zu fühlen. Problematisch scheint eher zu sein, dass dieses Wissen nicht oder nicht ausreichend in Handlungen umgesetzt wird. Anforderungen und Erwartungen der Familie oder eine innere Stimme (ein innerer Kritiker) meldet sich („Stell dich nicht so an! Augen zu und durch!"). Subjektiv erlebter Zeitmangel verhindert dann regelmäßig dringend notwendige Entspannungsaktionen.

Aus vielen Gesprächen mit Kollegen und Kolleginnen hier eine kleine Auswahl an typischen Möglichkeiten zur schnellen Selbstregulation bei hoher beruflicher Belastung:

Ein Klassiker scheint bei vielen alles zu sein, was mit **Bewegung** zu tun hat. Vom gemächlichen Spaziergang mit dem Hund über die Fahrradtour bis zum 10-Kilometer-Lauf im flotten Tempo kann, je nach Vorliebe und Konditionsstand, körperliche Aktivität belebend und stressreduzierend erlebt werden.

Ein Tipp zum Umgang mit inneren Anteilen, die bei solch einer Idee gleich als innere Stimmen abraten („Zu kalt draußen! Du bist zu müde! Bringt eh nix!") ist: Handeln Sie mit dem abratenden Anteil in Ihnen einen **„5-Minuten-Test"** aus! „Wir" (= die ambivalenten Anteile in mir) gehen 5 Minuten spazieren, wenn es sich dann immer noch schlecht anfühlt, gehen „wir" sofort zurück!

Persönliche Erfahrungen mit dieser Methode zeigen, dass die Aktivität in den meisten Fällen länger durchgeführt wird und sich anschließend richtig gut anfühlt.

Neben der Idee, Stress über mehr oder weniger sportliche Aktivitäten abzubauen, nutzen viele Kollegen eher **konsumtive Wege**, um ein gutes emotionales Gleichgewicht zu erhalten: Musik hören (je nach Gusto eher laut oder leise), ein heißes Bad genießen, eine Tasse Kakao trinken, eine Stunde schlafen, und, und, und …

Eine interessante Möglichkeit, die Ideen in den Alltag zu integrieren, ist es, sich eine persönliche Hitliste von erprobten Optionen anzulegen, mit denen man sich vom Disstress-Modus (der negativen, gesundheitsschädlichen Form von Stress) in einen als angenehm erlebten „Wohlfühl-Modus" versetzen kann. Aus dieser Liste kann man dann die tagesaktuell passendste Idee wählen.

In der Stressforschung unterscheidet man Eustress und Disstress.
Eustress gilt als motivierender, herausfordernd-positiver Stress.
Disstress dagegen meint die negative Stressvariante, die auf Dauer krank macht.

Viele Fachkollegen versuchen, sich emotional zu entlasten, indem sie zu Hause **den Partner/die Partnerin als privaten Supervisor** nutzen. Aus fachlicher Sicht ist das mit Risiken behaftet. Mal abgesehen von Datenschutzfragen ist diese Variante der außerhalb der Arbeitszeit stattfindenden Auseinandersetzung mit beruflichen Problemen, leider oft ein „Eintauchen" ins belastende, problematisch Erlebte. Das hat dann meist die Auswirkung, dass der gewünschte Effekt, sich wieder entspannt und ausgeglichen zu fühlen, gerade nicht eintritt. Stattdessen kreisen die Gedanken im Verlauf des Abends weiter um die Konflikte am Arbeitsplatz.

Ein alternatives Experiment kann sein, stattdessen einmal mit der Methode **„Etwas Gutes – etwas Positives**!" zu Hause vor allem über positive Ereignisse und Erfolgserlebnisse aus Ihrem Arbeitsalltag zu berichten.

> **MERKE** Zum Ende noch der Hinweis einer berufserfahrenen Kollegin:
>
> „Wer mit traumatisierten Menschen arbeitet, muss drei Dinge unbedingt beherzigen:
> • Erstens: Gut essen,
> • zweitens: viel feiern
> • und drittens: wütend putzen!" (Veronika Engl)
>
> (Sänger, 2016, S. 9)

Literaturverzeichnis

Amtsblatt der Europäischen Union: Richtlinie 2011/95/EU des Europäischen Parlaments und Rates vom 13.12.2011 über Normen für die Anerkennung von Drittstaatsangehörigen oder Staatenlosen als Person mit Anspruch auf internationalen Schutz, für einen einheitlichen Status für Flüchtlinge oder für Personen mit Anrecht auf subsidiären Schutz und für den Inhalt des zu gewährenden Schutzes (Qualifikationsrichtlinie). 2011

BAER, UDO: Wo geht's denn hier nach Königsberg? 2. Auflage, Neukirchen-Vluyn: Semnos Verlag 2014

BAER, UDO/FRICK-BAER, GABRIELE: Flucht und Trauma. Wie wir traumatisierten Flüchtlingen wirksam helfen können. 1. Auflage, Gütersloh: Verlagsgruppe Random House GmbH 2016

BAIERL, MARTIN: Mit Sicherheit ein gutes Leben: Die fünf sicheren Orte. In: BAIERL, MARTIN/FREY, KURT (Hrsg.): Praxishandbuch Traumapädagogik. 1. Ausgabe, Göttingen: Vandenhoeck@Ruprecht LLC, Bistrol, CT, USA 2014, S. 56–71

BAIERL, MARTIN: Mit Verständnis statt Missverständnis: Traumatisierung und Traumafolgen. In: BAIERL, MARTIN/FREY; KURT (Hrsg.): Praxishandbuch Traumapädagogik. 1. Ausgabe, Göttingen: Vandenhoeck@Ruprecht LLC, Bistrol, CT, USA 2014, S. 21–46

BEHNKEN, IMBKE/ZINNECKER, JÜRGEN: Narrative Landkarten. Ein Verfahren zur Rekonstruktion aktueller und biografisch erinnerter Lebensräume. In: FRIEBERTSHÄUSER, BARBARA/LANGER, ANTJE/PRENGEL, ANNEDORE: Handbuch qualitative Forschungsmethoden in der Erziehungswissenschaft. Weinheim/Basel: beltz juventa 2013, S. 547–562

BORG-LAUFS, MICHAEL: Die Befriedigung psychischer Grundbedürfnisse als Weg und Ziel der Kinder- und Jugendlichenpsychotherapie. Forum für Kinder- und Jugendpsychiatrie, Psychosomatik und Psychotherapie 1/2012 URL: http://www.kinderpsychiater.org/fileadmin/downloads/forum/Weisse_Seiten_1-2012/Die%20Befriedigung%20psychischer%20Grundbed%C3%85rfnisse_1-12.pdf (Abruf 09.02.2018)

BRINKS, SABRINA/DITTMANN, EVA/MÜLLER, HEINZ (Hrsg.): Handbuch unbegleitete Flüchtlinge. 1. Auflage, Frankfurt/Main: IGFH-Eigenverlag 2017

Bundesamt für Migration und Flüchtlinge (BAMF): Bescheid im Asylverfahren. Unveröffentlichtes amtliches Schreiben. Düsseldorf 2017

Bundesamt für Migration und Flüchtlinge (BAMF): Studie: Unbegleitete Minderjährige in Deutschland. 23.5.2018 URL: http://www.bamf.de/SharedDocs/Meldungen/DE/2018/EMN/20180523-am-wp80-unbegleitete-minderjaehrige.html?nn=7525966 (Abruf 03.07.2018)

Bundesamt für Migration und Flüchtlinge (BAMF): Unbegleitete Minderjährige in Deutschland. Fokus-Studie der deutschen nationalen Kontaktstelle für das Europäische Migrationsnetzwerk (EMN). August 2014 URL: https://www.bamf.de/SharedDocs/Anlagen/DE/Publikationen/EMN/Studien/wp60-emn-minderjaehrige-in-deutschland.pdf?__blob=publicationFile (Abruf 06.11.2018)

Bundesfachverband unbegleitete minderjährige Flüchtlinge e.V.: Die Situation unbegleiteter minderjähriger Flüchtlinge in Deutschland. 2017 URL: http://www.b-umf.de/images/2018_01_18%20publikation%20online%20%20umfrage%202017.pdf (Abruf 21.0.32018)

Bundesfachverband unbegleitete minderjährige Flüchtlinge e.V.: Herausforderungen und Chancen. Vormundschaften für unbegleitete Flüchtlinge in Deutschland. Eine Studie von Barbara Noske, München 2010 URL: https://www.b-umf.de/images/vormundschaftsstudie_2010.pdf (Abruf 05.07.2018)

Bundesfachverband unbegleitete minderjährige Flüchtlinge e.V.: Inobhutnahme. (o.J.) URL: http://www.b-umf.de/de/themen/inobhutnahme (Abruf 09.01.2018)

Bundesfachverband unbegleitete minderjährige Flüchtlinge e.V.: Kritik an der Bezeichnung „unbegleitete minderjährige Ausländer_in". 2015 URL: http://www.b-umf.de/images/Kritik_Begriff_umA.pdf (Abruf 09.01.2018)

Bundesfachverband unbegleitete minderjährige Flüchtlinge e.V.: Zur Situation unbegleiteter minderjähriger Flüchtlinge in Deutschland. Auswertung der Online-Umfrage. 2017 URL: https://b-umf.de/src/wp-content/uploads/2018/02/2018_01_18-publikation-online-umfrage-2017.pdf (Abruf 17.07.2018)

Bundesministerium für Familie, Senioren, Frauen und Jugend (BMFSFJ): Übereinkommen über die Rechte des Kindes. 2014 URL: https://www.bmfsfj.de/blob/93140/8c9831a3ff3ebf49a0d0fb42a8efd001/uebereinkommen-ueber-die-rechte-des-kindes-data.pdf (Abruf 09.01.2018)

Bundesverwaltungsgericht (BVerwG): Urteil vom 31.07.1984, Az. 9c 156783, NJW 185, 576ff.

Bürgerliches Gesetzbuch (BGB). 80. Auflage, München: dtv 2017

CORNELY HARBOE, VERENA/MAINZER-MURRENHOFF, MIRKA/HEINE, LENA (Hrsg.): Unterricht mit neu zugewanderten Kindern und Jugendlichen: Interdisziplinäre Impulse für DaF/DaZ in der Schule. 1. Auflage, Münster: Waxmann 2016

DABBERT, LARS: Methodenbereiche und Haltungen in traumapädagogischen Handlungsfeldern. In: ZIMMERMANN, DAVID/ROSENBROCK, HANS/DABBERT, LARS (Hrsg.): Praxis Traumapädagogik. Perspektiven einer Fachdisziplin und ihrer Herausforderungen in verschiedenen Praxisfeldern. 1. Auflage, Weinheim, Basel: Betz, Juventa 2017, S. 136–152

Dejure.org: Aufenthaltsgesetz. URL: https://dejure.org/gesetze/AufenthG/58.html (Abruf 21.03.2018)

Der Paritätische Niedersachsen: Unbegleitete Minderjährige Flüchtlinge (UMF) in Niedersachsen. 2016 URL: http://www.paritaetischer.de/landesverband/downloads/Unbegleitete_Minderjaehrige_Fluechtlinge_in_Niedersachsen.pdf%20?time=1485437381751 (Abruf 14.01.2018)

DETEMPLE, KATARINA: Zwischen Autonomiebestrebung und Hilfsbereitschaft. Unbegleitete minderjährige Flüchtlinge in der Jugendhilfe. 3. Auflage, Baltmannsweiler: Schneider Hohengehren 2016

Deutscher Caritasverband: Unbegleitete minderjährige Flüchtlinge in Deutschland. 2. Auflage, Freiburg im Breisgau: Lambertus-Verlag 2017

DGB Bildungswerk Thüringen e.V.: Baustein zur nicht-rassistischen Bildungsarbeit. 2008 URL: www.baustein.dgb-bwt.de (Abruf 05.07.018)

Diakonie Deutschland: Infoportal. Unbegleitete minderjährige Flüchtlinge. 05.02.2018 URL: https://www.diakonie.de/wissen-kompakt/unbegleitete-minderjaehrige-fluechtlinge/ (Abruf 21.03.2018)

DING, ULRIKE: „Ich kann mir sowieso nichts merken, also brauch ich auch nicht hin!" Wie kann Schule dissoziierende Kinder verstehen und im Lernen unterstützen? In: WEISS,

WILMA/ FRIEDRICH, ESTHER/DING, ULRIKE: Als wäre ich ein Geist, der auf mich runterschaut. Dissoziation und Traumapädagogik. 1. Auflage, Weinheim und Basel: Beltz Juventa 2014, S. 166–222

DRENGNER, JAN: Markenkommunikation mit Sport: Wirkungsmodell für die Markenführung aus Sicht der Service-Dominant Logic. 1. Auflage, Wiesbaden: Springer Gabler 2013

FISCHER, GOTTFRIED/RIEDESSER, PETER: Lehrbuch der Psychotraumatologie. 4. Auflage, München: Ernst-Reinhard (UTB) 2003

FRICK-BAER, GABRIELE: Trauma – Am schlimmsten ist das Alleinsein danach: Sexuelle Gewalt – wie Menschen die Zeit danach erleben und was beim Heilen hilft. 1. Auflage, Neukirchen-Vluyn: Semnos-Verlag 2013

Genfer Flüchtlingskonvention (1951): Auszug der Internetseite der UNO Flüchtlingshilfe. URL: https://www.uno-fluechtlingshilfe.de/fluechtlinge/fragen-antworten.html?donation_custom_field_1628=J102&gclid=Cj0KCQiA7dHSBRDEARIsAJhAHwjcAXJEdWySnWdu xO7yRwFLN2u0b_j4L4HPcM4ZYxZlWYGY_A0GAcoaAnloEALw_wcB&gclsrc=aw.ds (Abruf 09.01.2018)

Gesetz zu dem Haager Übereinkommen vom 19. Oktober 1996 über die Zuständigkeit, das anzuwendende Recht, die Anerkennung, Vollstreckung und Zusammenarbeit auf dem Gebiet der elterlichen Verantwortung und der Maßnahmen zum Schutz von Kindern (KSÜ) URL: https://www.bundesjustizamt.de/DE/SharedDocs/Publikationen/ HKUE/haager_uebereinkommen19Okt1996.pdf?__blob=publicationFile&v=3 (Abruf 19.01.2018)

GONZÁLEZ, NEREA/DE VIGO, MÉNDEZ: Gesetzliche Rahmung: Unbegleitete minderjährige Flüchtlinge im SGB VIII. In: BRINKS, SABRINA/DITTMANN, EVA/MÜLLER, HEINZ (Hrsg.): Handbuch unbegleitete Flüchtlinge. 1. Auflage, Frankfurt/Main: IGFH-Eigenverlag 2017, S. 20–48

GROSS, MARTINA: Frauen mit sexueller Gewalterfahrung in der Kindheit. 1. Auflage, Norderstedt: Diplomoca Verlag GmbH 1998

HAMMER, RICHARD/HERMSEN, THOMAS/MACSENAERE, MICHAEL: Hilfen zur Erziehung. Ein Lehrbuch für sozialpädagogische Berufe. 1. Auflage, Köln: Bildungsverlag Eins 2015

HERZOG, LUCAS-JOHANNES: Inobhutnahme. In: BRINKS, SABRINA/DITTMANN, EVA/ MÜLLER, HEINZ (Hrsg.): Handbuch unbegleitete Flüchtlinge. 1. Auflage, Frankfurt/Main: IGFH-Eigenverlag 2017, S. 98–112

KASCHUBA, WOLFGANG (IM ZEIT-INTERVIEW MIT PARVIN SADIGH): „Eine solche Existenzangst kennen die meisten von uns nicht". In: ZEIT ONLINE. RUBRIK FLÜCHTLINGE 09.02.2017 URL: https://www.zeit.de/gesellschaft/zeitgeschehen/2017-02/fluechtlinge-angst-trauma (Abruf 20.04.2018)

KAST, VERENA: Trauern. Phasen und Chancen des psychischen Prozesses. 4. Auflage, Freiburg im Breisgau: Kreuz Verlag 2015

KRÜGER, ANDREAS: Powerbook. Erste Hilfe für die Seele. 1. Auflage, Hamburg: Elbe und Krueger 2011

KÜLS, HOLGER/MOH, PETRA/POHL-MENNINGA, MARGRET: Lernfelder Sozialpädagogik, Band 2. 1. Auflage, Köln: Bildungsverlag Eins 2006

LANGEGGER, BETTINA: Identitätsentwicklung in der Adoleszenz unter besonderer Berücksichtigung sozialer Einflüsse. Magisterarbeit, 2007 URL: https://books.google.gr/

books?id=yYBqAQAAQBAJ&printsec=frontcover&hl=de#v=onepage&q&f=false (Abruf 19.10.2018)

LOFTUS, ELIZABETH: Falsche Erinnerungen. Artikel vom 01.01.1998 URL: https://www.spektrum.de/magazin/falsche-erinnerungen/823559 (Abruf 30.05.2018)

METSCHIES, HEDWIG/GERHARDS, ALFRED: KompaktWISSEN Gesprächsführung in Kita und Jugendhilfe. 1. Auflage, Hamburg: Verlag Handwerk und Technik 2018

MIETHE, INGRID: Biografiearbeit. Lehr- und Handbuch für Studium und Praxis. 1. Auflage, Weinheim: Juventa, 2011

MOGK, CAROLIN: Allein in Deutschland – Psychotherapie und psychosoziale Arbeit mit minderjährigen, unbegleiteten Flüchtlingen. In: BRISCH, KARL-HEINZ (Hrsg.): Bindung und Migration. 1. Auflage, Stuttgart: Klett-Cotta 2016, S. 44–82

MÜLLER, BURKHARD: Professionelle Beziehungen in Zwangskontexten. Bad Boll 2011 URL: http://www.ev-akademie-boll.de/fileadmin/res/otg/doku/520111-Mueller.pdf (Abruf 22.02.2018)

Portal Niedersachsen: Flüchtlinge in Niedersachsen. o.J. URL: http://www.fluechtlinge.niedersachsen.de/startseite/koodinierung_fluechtlingsversorgung/fluechtlinge_niedersachsen/minderjaehrige_unbegleitete_fluechtlinge/faq-minderjaehrige-unbegleitete-fluechtlinge-138635.html (Abruf 04.07.2018)

REDDEMANN, LUISE: Imagination als heilsame Kraft. Zur Behandlung von Traumafolgen mit ressourcenorientierten Verfahren. 20. Auflage, Stuttgart: Klett-Cotta 2017

Sachverständigenrat deutscher Stiftungen für Integration und Migration: Schule als Sackgasse? Jugendliche Flüchtlinge an segregierten Schulen. Studie des SVR- Forschungsbereichs 2018-1. URL: https://www.svr-migration.de/wp-content/uploads/2018/02/SVR-FB_Bildungsintegration.pdf (Abruf 19.04.2018)

SÄNGER, REGINA: „Trauma – Flucht – Ankommen!? Verständnis und traumapädagogische Unterstützung für geflüchtete Kinder und Jugendliche" Öffentlicher Vortrag. Kiel 2016 URL: https://www.maedchenhaus-kiel.de/wordpress/wp-content/uploads/2016/06/Vortrag_Trauma_-_Flucht_-_Ankommen.pdf (Abruf 18.08.2018)

SCHEIBE, REBECCA: Die Auswirkungen des Selbstwertgefühls auf das physische und psychische Wohlbefinden: Ein systematisches Review der neueren empirischen Forschungsliteratur. 1. Auflage, Hamburg: Diplomica Verlag 2015

Sozialgesetzbuch (SGB). 46. Auflage, München: dtv 2017

SPORK, PETER: Das Schlafbuch. Warum wir schlafen und wie es uns am besten gelingt. 1. Auflage, Reinbek: Rowohlt 2007

Stadt Köln, Amt für Kinder, Jugend und Familie: Gesetz zur Verbesserung der Unterbringung, Versorgung und Betreuung ausländischer Jugendlicher. Umsetzung des neuen Verfahrens zur Verteilung von unbegleiteten minderjährigen Flüchtlingen beim Jugendamt Köln. o.J. URL: https://www.lwl.org/lja-download/fobionline/anlage.php?urlID=13427 (Abruf 24.01.2018)

UN Kinderrechtskonvention. URL: https://www.kinderrechtskonvention.info/uebereinkommen-ueber-die-rechte-des-kindes-370/ (Abruf 20.03.2018)

Statista: Anzahl der unbegleiteten minderjährigen Asylbewerber* in Deutschland von 2009 bis 2018. 2018 URL: https://de.statista.com/statistik/daten/studie/581550/unbegleiteter minder jähriger Flüchtlingrage/unbegleitete-minderjaehrige-asylbewerber-in-deutschland/ (Abruf 28.6.2018)

URBAN, ULRIKE: Professionelles Handeln zwischen Hilfe und Kontrolle. Sozialpädagogische Entscheidungsfindung in der Hilfeplanung. 1. Auflage, Weinheim und München: Juventa Verlag 2004

WAHL, KLAUS: Aggression und Gewalt. 1. Auflage, Heidelberg: Spektrum-Verlag 2013

WEEBER, VERA MARIA/GÖGERCIN, SULEYMAN: Traumatisierte minderjährige Flüchtlinge in der Jugendhilfe. 1. Auflage, Villingen-Schwenningen: Centaurus Verlag & Media UG 2014

WEISSBOURD, RICHARD ZITIERT NACH SCHULTZ, NORA: Kinder, seid doch nett! Artikel auf Spiegel online vom 08.08.2014 URL: http://www.spiegel.de/wissenschaft/mensch/erziehung-psychologen-sagen-wie-kinder-erfolgreich-und-nett-werden-a-984950.html (Abruf 16.04.2018)

WEISSMANN, REGINA: Lebensentwürfe junger Migrantinnen und Migranten. Einflüsse von kultureller Herkunft, kulturspezifischen Wertvorstellungen und Akkulturationsverhalten auf Identitätsentwicklung und Zielvorstellungen für ein Leben in der Mehrheitsgesellschaft. Hochschulschriften online der Katholischen Universität Eichstätt Ingolstein 2016 URL: https://opus4.kobv.de/opus4-ku-eichstaett/frontdoor/index/index/docId/377 (Abruf 25.04.2018)

ZIMMERMANN, DAVID: Können wir uns aushalten? In: ZIMMERMANN, DAVID/ROSENBROCK, HANS/DABBERT, LARS (Hrsg.): Praxis Traumapädagogik. Perspektiven einer Fachdisziplin und ihrer Herausforderungen in verschiedenen Praxisfeldern. 1. Auflage, Weinheim, Basel: Beltz Juventa 2017, S. 35–46

ZENK, REINHILD: Doppelidentität. In: WOGE E.V./INSTITUT FÜR SOZIALE ARBEIT: Handbuch der Sozialen Arbeit mit Kinderflüchtlingen. Münster: Votum Verlag 1999, S. 394–400

ZULLEY, JÜRGEN: Mein Buch vom guten Schlaf. 1. Auflage, München: Verlag Zabert Sandmann 2005

Sachwortverzeichnis

handwerk-technik.de

handwerk-technik.de